DOSSIÊ 50

Friaça, no primeiro minuto do segundo tempo: Brasil 1 x 0 Uruguai

Schiaffino, aos 25: Uruguai 1 x 1 Brasil

Ghiggia, aos 34: Uruguai 2 x 1 Brasil

MELHOR EQUIPE NÃO
ENCEU O CAMPEONATO

rações do técnico uruguaio – Rodriguez Andrade conside-
e a vitória dependeu da sorte – O reconhecimento de
ffino ao público brasileiro Romeo Vasquez: "A melhor
equipe, afinal, não venceu o Campeonato"

GIGGHIA PARA SENADOR E OBDÚLIO PARA PRESIDENTE

Elogiado pela crônica oriental o comportamento da torcida brasileira
– Cognominado o Brasil "O outro vencedor"

NO EMPATE O INÍCIO DA DERROCADA

"OS BRASILEIROS ESQUECERAM-SE QUE ESTAVAM DISPUTANDO UMA COPA DO MUNDO"

Arte, classe e coração – Triunfou o coração – Lágrimas de desespero no vestiário dos cracks nacionais e lágrimas de alegria no reservado dos uruguaios – Todos lamentam o sucedido – O desabafo de Maneca – Palavras sensatas do técnico Flavio Costa – (De Geraldo Romualdo da Silva)

FICOU-SE A SUECIA NO TERCEIRO LUGAR

a Espanha em São Paulo pela contagem de 3x1 ... a renda apurada no Pacaembú

Uruguay Campeón del Mundo

A los 34 minutos del 2o. tiempo
Chiggia dió el triunfo a Uruguay

La labor defensiva oriental, fué extraordinaria al anular la penetración del ataque brasileño

Sexta-feira, 21 de Julho de 1950

MUNDO ESPORTIVO

— 7 —

DRAMA, TRAGEDIA E RIDICULO!

REDUZIDAS A PO' AS MAIS LIDIMAS ESPERANÇAS — FLAVIO COSTA, SINAL DOS TEMPOS — MAU CRITERIO NA CONVOCAÇÃO — MANIA DOS "MEDALHÕES" — INTERFERENCIA PERNICIOSA — VOLUPIA DE SUPERIORIDADE — NCOMPETENCIA — ASA NEGRA, MANDINGA E PE' DE COELHO — MAL NECESSARIO

ESCREVEU
ODILON C. BRAZ

DOSSIÊ 50

Geneton Moraes Neto

Um repórter em busca dos onze jogadores que entraram em campo para serem campeões do mundo em 1950, mas se tornaram personagens do maior drama da história do futebol brasileiro

Maquinária
editora

Copyright ©Geneton Moraes Neto, 2013

Todos os direitos desta edição reservados à Maquinária Editora.
Rua Olegarinha, 47 – Grajaú
Rio de Janeiro, RJ – CEP 20560-200
www.maquinariaeditora.com.br
contato@maquinariaeditora.com.br
Proibida a reprodução total ou parcial deste conteúdo

Coordenação editorial:
Paschoal Ambrósio Filho e Roberto Sander

Projeto gráfico e Editoração Eletrônica:
Simone Oliveira

Capa:
Antônio Carlos Espilotro/ A2

Foto da capa:
Rodrigo Bodstein

Fotos de miolo:
Luigi Mamprim / Abril Imagens (jogadores reunidos no Maracanã)
Geneton Moraes Neto (entrevista Ghiggia)
Bia Parreiras (Maracanã)
Ronaldo de Sousa (fotos jogadores)
Arquivo Nacional (*Correio da Manhã*)

Revisão:
Gilson Soares

Dados Internacionais de Catalogação na Publicação (CIP)
(Câmara Brasileira do Livro, SP, Brasil)

Moraes Neto, Geneton, 1956 –
Dossiê 50: Um repórter em busca dos onze jogadores que entraram em campo para serem campeões do mundo em 1950, mas se tornaram personagens do maior drama da história do futebol brasileiro / Geneton Moraes Neto - Rio de Janeiro: Maquinária 2013.
160p.: il.

Inclui bibliografia
ISBN 978-85-62063-50-3

1. Brasil - Copa do Mundo (Futebol) 2. Brasil - Copa do Mundo (Futebol) - História 3. Seleção Brasileira de Futebol - História I. Título

13-10850.   CDD: 796.3340981

Os onze de 1950 voltam ao gramado do Maracanã pela primeira e única vez, três décadas depois da "tragédia": Barbosa, Augusto, Danilo, Juvenal, Bauer, Bigode; agachados: Friaça, Zizinho, Ademir, Jair, Chico e o massagista Mário Américo

Dedicado aos onze

"**CADA** povo tem a sua irremediável catástrofe nacional, algo assim como uma Hiroshima. A nossa catástrofe, a nossa Hiroshima, foi a derrota frente ao Uruguai, em 1950."

(Nelson Rodrigues,
revista REALIDADE, junho, 1966)

"**DAS** coisas menos importantes da vida, o futebol é a mais importante."

(frase de autor desconhecido, citada
pelo repórter Sebastião Reis
em O Estado de S. Paulo, 17/05/98)

"**NÃO** toco hinos
Só para os vencedores consagrados (...)

Vocês já ouviram dizer
que ganhar o dia é bom?
Pois eu digo que é bom também perder:
batalhas são perdidas
com o mesmo espírito
com que são ganhas.

Eu rufo e bato o tambor pelos mortos
e sopro nas minhas embocaduras
o que de mais alto e mais jubiloso
posso por eles.

Vivas àqueles que levaram a pior!
E àqueles cujos navios de guerra
afundaram no mar!
E a todos os generais
das estratégias perdidas,
que foram todos heróis!

E ao sem-número dos heróis desconhecidos,
equivalentes aos heróis maiores
que se conhecem!"

(WALT WHITMAN,
"FOLHAS DAS FOLHAS DE RELVA",
TRADUÇÃO DE GEIR CAMPOS)

ROTEIRO DE VIAGEM RUMO A JULHO, 1950

Cap.

1. Silêncio! O Brasil está chorando. 12
2. "Ghiggia, o Papa e Frank Sinatra calaram o Maracanã. Eu também calei." 32
3. "Eu seria o primeiro brasileiro a levantar a taça. Mas tudo é sonho." 42
4. "Não é possível que o Brasil não tenha feito o gol de empate." 52
5. "Vim para ser campeão. Voltei para São Paulo no chão do trem." 62
6. "Parecia o presidente da República descendo do carro, vaiado. Mas era eu chegando em casa depois da derrota." 70
7. "O que fizeram comigo foi uma covardia, uma injustiça. Não levei tapa do capitão do Uruguai." 80
8. "O trauma foi enorme. Quando dei por mim, estava embaixo de uma jaqueira" 90
9. "Meu sonho era assim: a gente ainda iria jogar contra o Uruguai. Aquilo que aconteceu era mentira." 98
10. "Um menino queria me ver no hospital. Passei a noite pensando: eu sou um santo? Eu sou Deus?" 110
11. "Você sai do campo, atravessa o túnel, chega ao vestiário, tira a roupa e começa a chorar." 120
12. "Tive um pressentimento estranho. Quando o Brasil entrou em campo, a derrota já estava escrita." 130
13. "Nem o general Solano López teve de explicar tanto a derrota para o Brasil na Guerra do Paraguai." 138
14. Por quê? 146
15. Expedição em busca do carrasco : um encontro com Ghiggia 148

SILÊNCIO!
O Brasil está

Lá vem a bola. Zizinho consegue fazer um cruzamento, aos 42 do segundo tempo. Augusto, zagueiro do Brasil, corre para a grande área do Uruguai na hora do desespero. Espicha o corpo no ar. É como se a vontade de acabar logo com aquele drama tivesse tornado elásticos todos os músculos do corpo. Baixinho, pula tão alto quanto o zagueiro do Uruguai. Bola na rede. Dois a dois. O empate garante o título mundial ao Brasil. O Maracanã, na descrição exagerada dos locutores esportivos, "vem abaixo".

chorando

Augusto acorda suado no meio da noite calorenta da Tijuca, no Rio de Janeiro. Olha para o teto, tenta enxergar pela fresta da janela um sinal de luz, no quarto desse apartamento de quinto andar na rua do Bispo. Era um sonho. Que dois a dois que nada. Que campeão do mundo que nada. Que gol de cabeça que nada. Tantas décadas depois, o placar real estava escrito em todos os jornais de todas as coleções de todas as bibliotecas: Uruguai 2 x 1 Brasil. A Seleção Brasileira perdeu para sempre a final contra o Uruguai. Augusto, capitão da Seleção Brasileira, jamais levantaria a taça. Tenta dormir de novo.

Aos fatos:

Quem? Barbosa, Augusto, Juvenal, Bauer, Danilo, Bigode; Friaça, Zizinho, Ademir, Jair e Chico. O quê? Perderam a Copa do Mundo para o Uruguai. Quando? Dezesseis de julho de 1950, às 4h50 - hora do apito final. Onde? Maracanã. Por quê?

Como é que o Brasil pôde perder uma Copa do Mundo dentro do Maracanã, se jogava apenas por um empate? A culpa deve ter sido do estádio, delira o peladeiro emérito e poetaço da MPB Francisco Buarque de Holanda:

- Quando os jogadores mais precisavam do Maracanã, o Maracanã emudeceu. A estádio de futebol não se pode dar confiança, lição que calou fundo em nossos atletas a partir de 1950.[1]

Chico Buarque ouviu, pelo rádio, o Brasil desabar diante do Uruguai. Tinha somente seis anos de idade. A propósito: esclareça-se que ele, hoje, considera o Maracanã digno de uma anistia ampla, geral e irrestrita:

- Com o tempo, veio uma espécie de anistia, prescreveu a culpa do Maracanã.

Um ex-favelado narra todo dia o gol da vitória do Uruguai

Meio século depois da "tragédia de 50", um ex-morador da favela do Esqueleto cumpre todos os dias um ritual que, aos olhos de algum desavisado, poderia soar como uma excentricidade digna de registro imediato no *Guiness*, o Livro dos Recordes. De segunda a sexta, sob sol ou chuva, com a regularidade de fazer inveja a funcionário público britânico, Isaías Ambrósio aboleta-se nas cadeiras do Maracanã, emposta a voz e começa a narrar o gol de Ghiggia em tons dramáticos, como se fosse locutor de uma imaginária emissora de rádio transmitindo a final da Copa, ao vivo, "para todo o Brasil". A cena podia ser testemunhada diariamente, entre nove e meia da manhã e três e meia da tarde, por quem visitava o Estádio do Maracanã no ano 2000.

O fato de um brasileiro anônimo se dar ao trabalho de narrar o gol de Ghiggia de segunda a sexta, o ano todo, já seria suficiente para assegurar à final da Copa de 50 uma cadeira cativa na Galeria dos Traumas Nacionais. O favelado Isaías trabalhou na construção do estádio. Vivia, na época, numa favela que ganhou o nome de Esqueleto porque floresceu em torno de um prédio inacabado, nas vizinhanças do Maracanã. Famosa por abrigar o célebre bandido Cara de Cavalo, a favela sumiu do mapa para dar lugar ao que hoje é a Universidade Es-

---
[1] Chico Buarque, *O Globo*, 7/6/98

tadual do Rio de Janeiro. Quando a Copa começou, o favelado Isaías mudou de função: deixou de ser operário da construção do estádio para se transformar em testemunha ocular das vitórias do Brasil. Pensou que ia ver a maior festa da história no dia 16 de julho de 1950:

   - Quando o jogo acabou, o Maracanã ficou parecendo um cemitério à meia-noite: um silêncio tremendo. Gente morrendo de enfarte. Não cheguei a ver, mas tomei conhecimento de gente que se matou. Algo terrível, terrível, terrível tinha acontecido. Isto não é "saudosa memória": é uma triste memória. Nunca em minha vida eu senti os minutos passarem tão velozes como naquele dia - entre o gol de Ghiggia e o fim da partida. Nós todos estávamos naquela ansiedade enorme pelo gol de empate do Brasil. Todo mundo torcendo, torcendo, torcendo. Houve um lance em que um jogador do Uruguai, depois de um cruzamento, segurou a bola com a mão dentro da grande área. Gritamos: "É pênalti! É pênalti! É pênalti!" Mas que nada! O juiz tinha acabado de apitar o fim do jogo. Uma frustração enorme. Em situações normais, quando um jogo acaba, a gente sai do estádio ou vibrando de alegria ou danado da vida. Mas ficamos sentados, sem força para nos levantarmos. Se todos os torcedores procurarem as saídas do Maracanã assim que um jogo acabar, em vinte minutos não fica uma só pessoa no estádio. Nesse dia, à meia-noite ainda tinha gente sentada, com a cabeça entre as mãos. Hoje, narro o gol. Sou o brasileiro que mais fala do jogo Brasil x Uruguai. Nem uruguaio fala tanto sobre aquele jogo quanto eu. Fui a Montevidéu. Ghiggia me disse: "Se eu tentasse outras cinquenta vezes, não acertaria uma." Eu estive no Uruguai, como convidado, para participar da inauguração da Praça Maracanã, ao lado do Estádio Centenário, no dia 16 de julho de 1992. Virei figura importante. Eu parecia até um presidente. Fiquei com minha mulher na suíte presidencial de um hotel. Nossa! Fomos bem tratados.[2]

   Pai de seis filhos, Isaías Ambrósio foi trocando de função na biografia do estádio como quem muda de camisa: já foi segurança, virou guia oficial dos visitantes que desembarcavam no Maracanã para prestar reverência ao "altar dos deuses da bola". A maioria vinha de outros países. Esperto, Isaías aprendeu a falar frases em inglês, francês, espanhol e outras línguas menos votadas. Informava que vivia "num país bonito: United States of Vila Kennedy" - um bairro do Rio. Assim, prendia a atenção dos forasteiros que ficavam em silêncio quando ele descrevia, com uma comoção ensaiada, a primeira derrota sofrida pela Seleção Brasileira no Maracanã.

---

[2] Isaías Ambrósio, entrevista ao autor, RJ, *25/2/2000*

O Brasil "ficou adulto sem querer", naquele 16 de julho

Quatro décadas depois do naufrágio, o roteirista gaúcho Jorge Furtado, que nem nascido era no dia da derrocada, tentou o recurso extremo: impedir que Ghiggia fizesse o gol. Em parceria com Ana Azevedo fez um curta-metragem chamado Barbosa, em que o personagem vivido por Antonio Fagundes corre ao Maracanã para tentar avisar ao goleiro do Brasil que a bola ia entrar por ali, rasteira, no canto. Mas é barrado por policiais na saída do vestiário. Furtado não conseguiu mudar a realidade, porque, infelizmente, películas cinematográficas ainda não possuem este poder. O Brasil perdeu, para o resto da vida, a final daquela Copa. "Nunca mais seremos campeões do mundo de 50."

Um espectador que estava na arquibancada do Maracanã na tarde do domingo 16 de julho de 1950 ainda remói o trauma. Chama-se Carlos Heitor Cony. Diz a lenda que ele deixou de acreditar em Deus quando viu a Seleção Brasileira sair de campo aos prantos, diante da multidão muda:

- Perdemos em 1950 aquela inocência, aquele assanhamento que herdamos dos índios quando viram chegar as caravelas de Cabral. Talvez tenha sido melhor assim. Dolorosamente, ficamos adultos sem querer.

Quando o juiz apitou o fim do jogo, o que fez o torcedor Cony? Anos depois, ele escreveria:

- Continuei imóvel, sentado no degrau de cimento ainda fresco, olhava o sol que batia obliquamente no gramado, ouvia o silêncio da multidão, um silêncio não quebrado nem mesmo pelo pranto de homens que soluçavam alto, em arrancos brutais, na orfandade coletiva. Sobreviventes daquela tarde cruel acreditaram que nunca mais poderiam ser felizes (...). Quem passou pelo 16 de julho de 1950 merece um monumento coletivo, como o do Túmulo do Soldado Desconhecido. São essas coisas que formam uma pátria, um povo encharcado em sua dor.[3]

O italiano recém-chegado aprende no Maracanã uma lição inesquecível sobre o Brasil

Por pelo menos três razões, a Copa de 50 foi importantíssima para o italiano Mino Carta - arrastado ao Brasil quatro anos antes pelo pai jornalista.

Primeira: o dinheiro conseguido na Copa deu a ele a chance de anexar, ao guarda-roupa, um inesquecível terno azul (em nome da precisão histórica, diga-se que,

---

[3] Carlos Heitor Cony, O harém das bananeiras, Editora Objetiva, 1999.

aos 16 anos, o adolescente Carta julgava o terno azul um item indispensável ao equilíbrio paisagístico do planeta nas noites de sábado).

Segunda: em algum ponto entre a euforia e o pesadelo brasileiro naquela Copa, Carta logo descobriu que, aqui no Brasil, "torcer é um estado de espírito" - uma constatação básica para um europeu recém-apresentado às idiossincrasias tropicais.

Terceira: é possível que, conscientemente ou não, o noviço Carta tenha descoberto, na agitação da cobertura da Copa de 50, que herdaria a profissão do pai - como herdou, para virar verbete obrigatório em qualquer enciclopédia que se escreva sobre a moderna imprensa brasileira (comandou a criação das revistas *Quadro Rodas*, *Veja*, *IstoÉ* e *Carta Capital,* entre outras empreitadas). A odisseia brasileira na Copa de 50 serviu, na biografia do migrante Mino Carta, como um curso intensivo sobre o Brasil:

- Vim para o Brasil ainda criança, trazido por meu pai, sem chance de me manifestar a respeito. Em 1950, meu pai recebeu um pedido da Itália: deveria fazer uma série de artigos sobre a preparação do mundial que aconteceria no Brasil. Como não gostava de futebol, ele me perguntou: "Você não quer fazer?" Eu, jovem, com 16 anos, não era jornalista ainda, mas disse que me interessaria, sim. Meu pai me informou, então, quanto eu iria ganhar. Fiz rápidas contas. Verifiquei que poderia mandar confeccionar um garboso terno azul-marinho para os bailes de sábado em um alfaiate de renome. Como este era o meu objetivo, prontamente me escalei para escrever os artigos. Diga-se que este episódio me habilita a afirmar que virei jornalista por causa de um terno azul-marinho.

"Fiz os artigos sobre a preparação do mundial, fui devidamente pago, mandei confeccionar o terno. Logo depois, chegaram ao Brasil os jornalistas do jornal *Il Messaggiero* - de Roma - para cobrir a Copa do Mundo. Quando eles chegaram, passei a funcionar como contínuo e intérprete do grupo. Eu estava no Maracanã naquele dia fatídico que tanto pesa ainda sobre a consciência nativa. O silêncio foi tão grandioso quanto se diz. A derrota me chamou a atenção para o que significa torcer no Brasil - algo que, a meu ver, é uma coisa única. Em outros países, o futebol é importantíssimo. Mas torcer é um estado de espírito muito típico e muito característico do brasileiro: é a eterna crença no milagre, a crença no transcendente - uma espécie de fé levada às últimas consequências. Não é o ato de torcer gritando para que o time ganhe. É algo mais. O Brasil joga sempre contra si próprio. Os adversários não têm a menor importância. Se o Brasil ganha, é o normal. Se perde, é porque os fados gregos se juntaram no alto do Olimpo para fazer com que o Brasil perdesse.

"Eu tinha chegado ao Brasil em 1946. Torcia desbragadamente pelo Palmeiras. Em 50, portanto, estava anexado à terra. O que aconteceu na Copa de 50 foi um momento típico e forte. Aliás, lembro que se distribuíam na entrada do Maracanã postais dos brasileiros, "campeões do mundo". Eu tinha um desses postais. Logo depois, vi a choradeira, o pessoal sentado na sarjeta, em prantos. O que forma um elo entre vários episódios brasileiros é esta espécie de perplexidade atônita e melancólica. Há uma perplexidade popular diante do que acontece. Talvez a Copa de 50 tenha sido o fato mais tocante. Não existe nenhum momento que se possa comparar. Quando Jânio renunciou, o povo estava nos bares ouvindo um jogo do Santos no exterior. Ninguém ligou a mínima. A morte de Getúlio Vargas causou pasmo, sobretudo, mas não comoção. O fracasso da campanha pelas eleições diretas não é a mesma coisa. Uma comparação razoável pode ser com os funerais de Tancredo Neves. O clima, ali, em 1985, pode ter sido parecido com o de 50, mas tinha uma motivação inferior e menos compreensível: Tancredo era um conservador que terminou tendo um apelo popular na hora H. Já a Seleção Brasileira de futebol é o emblema mais perfeito e acabado da expectativa nativa".[4]

O torcedor reza para que as manchetes do jornal desmintam a realidade

Funcionário do departamento de esportes da Rádio Mayrink Veiga, no Rio de Janeiro, Chico Anysio resolveu começar, na praia, um domingo que prometia ser glorioso. Depois do mergulho, passou em casa, pegou o carro, deu carona a um amigo dentista e partiu rumo ao Maracanã:

- A coisa mais surpreendente foi o silêncio que se fez após o apito final. Só vi um silêncio igual uma vez, quando fazia um voo num aviãozinho para Bauru e, de repente, o motor parou de funcionar. Aos poucos, porém, as pessoas começaram a chorar e, num determinado momento, acho que umas 100 mil pessoas choravam no estádio. Mas não acredito que aquela derrota se repita. Se aquele jogo se repetisse 100 vezes, só teríamos perdido aquele.[5]

O futuro jornalista Evandro Carlos de Andrade - na época, um estudante de 19 anos - passou a madrugada na fila, para comprar ingresso. Quando os portões foram abertos, às dez da manhã, lá estava ele, "na primeira leva que galgou as arquibancadas". Tomou, sem reclamar, um banho de sol apoteótico, à espera da festa que não aconteceu.

---

[4] Mino Carta, entrevista ao autor, SP, 26/1/2000

[5] Chico Anysio, *Folha de S. Paulo*, 19/9/93

Terminado o jogo, teve uma experiência auditiva inesquecível: flagrou o "silêncio passivo de gado" da multidão descendo as rampas do estádio, em estado de perplexidade absoluta. Um dia depois, Evandro aprendeu que exercícios de pensamento positivo nem sempre funcionam. Percorreu os cinco quarteirões até a banca de jornais mais próxima de casa - na rua São Francisco Xavier, na Tijuca, repetindo para si mesmo uma espécie de mantra anti-Uruguai ("o jogo foi anulado; o jogo foi anulado; o jogo foi anulado"):

- Comprei o jornal com a insana esperança de que a qualquer pretexto o jogo estivesse anulado. Afinal, a derrota fora uma intolerável injustiça e precisava ser consertada.[6]

Quando abriu o jornal, Evandro Carlos de Andrade viu que o mantra antiuruguaio tinha falhado clamorosamente: a manchete informava que o Uruguai era o campeão. O jogo não tinha sido anulado.

- Não haveria lei capaz de proibir aquela heresia?[7] - perguntaria, trinta anos depois, um dos espectadores da final, o jornalista Cláudio Mello e Souza. Não, não havia, nunca houve.

O soldado que vigiava a arquibancada um dia seria tetracampeão do mundo

Um soldado que servia no quartel da Polícia do Exército, na rua Barão de Mesquita, na Tijuca, perto do Maracanã, foi convocado para fazer o policiamento da arquibancada. Tinha 19 anos de idade. Jogava pelo juvenil do Flamengo. A contragosto, enterrado embaixo de um capacete, teve de fazer um exercício de autocontrole para não vibrar no gol do Brasil. Pegaria mal a visão de um soldado vestido de verde-oliva dando saltos na arquibancada.

Oito anos depois, o soldado ganharia o título de campeão mundial de futebol em 1958, na Suécia. Em 62, repetiria a dose, no Chile. Em 70, já como técnico, comandaria nos campos do México a melhor seleção que o mundo já viu - a de Pelé, Tostão, Rivelino & Cia, herdada do técnico João Saldanha. Como se não bastasse, levantou de novo a taça de campeão na Copa de 94, nos Estados Unidos, como assistente do técnico Carlos Alberto Parreira. Por fim, na Copa de 98, na França, aquele soldado que vigiou a arquibancada do Maracanã na finalíssima de

---

[6] Evandro Carlos de Andrade, *O Globo*, 11/7/94

[7] Cláudio Mello e Souza, *O Globo*, 16/6/80

50 voltou para casa com a medalha de vice-campeão do mundo. Seu nome: Mário Jorge Lobo Zagalo.

O naufrágio de 50 deixou marcas no multicampeão, como mostra este depoimento emocionado:

- Vi o Maracanã em lágrimas pela primeira vez. A alegria que contagiou a todos nos jogos anteriores e no primeiro tempo de Brasil x Uruguai desapareceu. Quando o Brasil sofreu o gol de Ghiggia, baixou um desânimo, baixou um silêncio sobre o estádio. O Maracanã se transformou, então, no maior túmulo do mundo. A arquibancada do Maracanã estava superlotada. Fiquei o tempo todo de pé, de frente para o campo, porque era minha obrigação. Vi o jogo inteiro. Fui escalado de propósito para aquela missão. Outros soldados - que não tinham nada a ver com futebol - foram escalados para tirar serviço na rua, fora do estádio. Os meus superiores sabiam do meu envolvimento com futebol. Eu participava das Olimpíadas do Exército. Quando veio a Copa do Mundo, então, eu fui escalado para fazer o policiamento dentro do estádio.

"Minha ligação com o Maracanã vinha de antes da inauguração: como soldado, a serviço da Polícia do Exército, ajudei a tirar do estádio madeira usada na construção. Os soldados ajudaram nessa tarefa. Quando volto ao passado, como agora, vejo como tudo é incrível. Jamais poderia imaginar que hoje eu, que estava na final de 50 fazendo policiamento na arquibancada, poderia estar aqui dando esta entrevista como tetracampeão do mundo! De fato e de direito, o único tetracampeão. São coisas que jamais poderiam passar pela minha cabeça quando eu estava ali, na torcida pela Seleção no Maracanã, em início de carreira como jogador de futebol. Eu nem sabia se minha carreira iria dar certo ou não.

"Em 1970, quando já era técnico, enfrentei uma confusão com um jornalista de São Paulo por conta da derrota do Brasil na Copa de 50. O jornalista resolveu puxar esse assunto, na véspera do jogo do Brasil contra o Uruguai, na Copa do México - aquele que vencemos por 3 x 1. Ora, ali, naquele grupo da Seleção de 1970, só quem tinha vivido o que aconteceu em 1950 era eu. O resto mal tinha nascido. O jornalista trouxe um clima que não era bom para o grupo. Eu, então, me exaltei, me aborreci, expulsei-o da concentração do Brasil. A derrota de 1950 não tinha nada a ver com aquele jogo contra o Uruguai, vinte anos depois. Os jogadores que estavam sob o meu comando não presenciaram nada do que aconteceu em 1950. Eu é que vi todos os jogos do Brasil no Maracanã. Pude testemunhar a choradeira geral. Todo mundo saindo do estádio de cabeça baixa, sem acreditar no que estava acontecendo. De qualquer maneira, prefiro ver o lado bom: 1950 marcou o início de todas as nossas conquistas".[8]

Criança em 50, Luis Fernando Verissimo ouviu o jogo pelo radinho de pilha:

"O Brasil não podia perder, não tinha como perder, seria uma aberração perder... e perdeu. O trauma, de tão grande e inesperado, ficou como uma espécie de castigo exemplar, valendo para todas as nossas presunções e vaidades, e não apenas a do futebol (...). Curioso como ficaram poucos registros da Copa de 50. Já existiam meios, o futebol ocupava um grande espaço dos jornais do cinema, mas quase não sobraram imagens de 50. Talvez tenha havido uma tentativa deliberada de apagar o desastre da memória nacional".[9]

Um pressentimento assusta o craque: aquilo ia terminar mal

Pelo menos um dos 200 mil espectadores que superlotavam o Maracanã não viu o gol de Ghiggia. Assim que o Uruguai empatou, ele simplesmente deixou o campo para se refugiar no vestiário do Brasil, movido por um íntimo pressentimento: a anunciada festa brasileira acabaria terrivelmente mal. O espectador que se recusou a acompanhar o resto do jogo só soube que o pior tinha acontecido quando, refugiado no vestiário, notou que um silêncio de pedra substituía o murmúrio da torcida, lá fora, no campo. Ghiggia acabara de marcar o gol da vitória uruguaia. O torcedor que, profeticamente, se ausentou do campo para não testemunhar tal cena entraria para a história do futebol brasileiro, anos depois, como o maior lateral-esquerdo já surgido em nossos gramados. Consagrado bicampeão mundial nas Copas de 58 e 62, homenageado na Copa de 98 como o "lateral-esquerdo do século", Nílton Santos, a "enciclopédia do futebol", tinha sido convocado pelo técnico Flávio Costa para a Seleção Brasileira de 50. Reserva de luxo, não foi escalado pelo técnico para jogar a final. Teve de se conformar com a posição de espectador - se bem que privilegiado, porque viu o jogo, até onde suportou, dentro do campo:

> **PAÍSES QUE PARTICIPARAM DA COPA**
>
> Brasil, Iugoslávia, Suíça, México, Inglaterra, Espanha, Estados Unidos, Chile, Suécia, Itália, Paraguai, Uruguai, Bolívia.

- Não cheguei nem a trocar de roupa. Como naquele tempo não existia substituição de jogador durante uma partida, quem não fosse escalado logo de início pelo

---

[8] Zagalo, entrevista ao autor, RJ, 24/1/2000

[9] Luis Fernando Verissimo, *Jornal do Brasil*, 18/7/98

técnico ficava só assistindo ao jogo. Mas não assisti ao jogo todo. Vi o gol do Brasil, com Friaça. Quando Schiaffino empatou, eu saí: fui para o vestiário, torcer para que tudo desse certo. Mas, quando vi o silêncio, senti que tinha dado errado. Eu estava com medo. Antes de tudo, fui contra o que tinha sido feito na semana da decisão: nós estávamos concentrados na Barra da Tijuca, no silêncio. Por que trouxeram a gente, nas vésperas do jogo, para o alojamento do Vasco da Gama? Flávio Costa já era candidato a vereador. Degringolou tudo!

"Em 50, eu me lembro: um diretor ficava com uma bandeira brasileira embaixo do braço. Quando o time ia entrar em campo, ele dava a bandeira para que a gente beijasse. Quem não beijasse era comunista! Não quero citar nomes. Digo que não foi o Uruguai que ganhou. Nós é que perdemos. Durante o jogo, saí do campo porque tive um mau pressentimento. Poderia até ter jogado, porque estava bem. Zizinho queria que eu jogasse. Fui injustiçado porque Flávio Costa - o dono do futebol na época - implicou com minha chuteira. Achava que eu tinha de dar bico na bola!

"Depois de estar jogando já há dois anos no Botafogo como lateral-esquerdo, fui escalado para reserva de Augusto, o lateral-direito, capitão da Seleção. Só jogaria se Augusto ficasse doente. Não iria jogar nunca! Quando o jogo acabou, eu - que morava em Copacabana - peguei um táxi porque queria voltar logo para casa. Zizinho me pediu uma carona até a Praça XV: iria pegar a barca para Niterói. A gente veio dentro do carro assim: um olhando de vez em quando para a cara do outro, sem dar uma palavra. Dentro do vestiário, a cena tinha sido terrível: uns olhando para os outros. Silêncio absoluto. Aquilo foi um castigo. Quando fui à França, na Copa de 98, para receber o título de melhor lateral do século, também preferi não ficar, porque senti que as coisas não estavam boas. Torcia para que desse tudo certo, mas peguei um avião para ir embora. Somente nas Copas de 58 e 62 é que senti que era um homem de sorte. A mosca pousou em mim. A vida é assim".[10]

O crítico de cinema Paulo Perdigão, um brasileiro que jamais cultivou o hábito de frequentar estádios, era uma criança quando foi levado pelo pai até o Maracanã, no dia fatal. A derrota para o Uruguai se transformou, para ele, num acontecimento de ressonâncias psicanalíticas. Quatro décadas depois, ele se daria ao trabalho de escrever um livro inteiro sobre o trauma (*Anatomia de uma derrota*). Chegou a transcrever, palavra por palavra, a narração radiofônica do jogo:

---

[10] Nilton Santos, entrevista ao autor, RJ, 16/2/2000

- Uma derrota, atribuída ao atraso do país, reavivou o tradicional pessimismo da ideologia nacional: éramos infelizes por um destino ingrato. Tal certeza acarretou nos brasileiros a angústia de sentir que a nação tinha morrido no gramado do Maracanã.[11]

A vingança de um jornalista: um vídeo transforma o Brasil em campeão da Copa de 50

João Luiz de Albuquerque, jornalista que na época era, literalmente, um menino de calças curtas, cometeu, três décadas depois da tragédia, um gesto ousado: proclamou solenemente o Brasil como campeão do mundo de 1950. Aos incrédulos, ele exibe uma prova documental: um vídeo com cenas aparentemente irrefutáveis. Pena que a vitória brasileira seja apenas uma esperta manipulação de imagens.

Aos 11 anos de idade, Albuquerque testemunhou o naufrágio brasileiro, em companhia do pai e da mãe, na arquibancada do Maracanã. Só se livrou do trauma quando transformou a derrota em triunfo, numa ilha de edição de imagens, nos anos 80. A tarefa não foi complicada. Bastou imaginação. Albuquerque descobriu, num pedaço de filme, o registro de um lance do primeiro tempo da final: o ponta-direita Ghiggia chuta enviesado, mas a sorte salva o Brasil. A bola bate na trave. Quando foi montar o vídeo, Albuquerque usou esta cena - a da bola na trave - no lugar do gol fatal de Ghiggia. Adiante, inseriu no vídeo um gol de Zizinho que, na verdade, foi marcado contra a Iugoslávia, num jogo anterior. Como não aparece nenhum adversário na cena, faz-se de conta que o gol foi marcado contra o Uruguai. Placar final: Brasil 2 x 1 Uruguai.

A festa não fica aí: Albuquerque usou também cenas dos jogadores do Uruguai aos prantos (o choro, na verdade, era de alegria: os uruguaios estavam chorando porque não acreditavam que tinham derrotado o imbatível Brasil dentro do Maracanã. Mas este é um detalhe desimportante, num vídeo que mente descaradamente). Como se não bastasse, o manipulador João Luiz de Albuquerque desencavou em arquivos cenas de argentinos chorando a morte de Eva Perón, igualmente um desastre nacional. Os espectadores do vídeo são levados a crer que a multidão argentina era formada por uruguaios, inconformados com a Copa perdida no Brasil. Por que transformar argentinos em carpideiras uruguaias? Albuquerque dá uma explicação cândida:

---

[11] Paulo Perdigão, *Anatomia de uma derrota*, L&PM Editores, 1986

— Argentino e uruguaio de casacão e chorando é tudo a mesma coisa...

A mais escandalosa manipulação já cometida na história do futebol desde que se inventou o videoteipe exibe, por fim, cenas da multidão em delírio saudando os heróis nacionais na avenida Rio Branco, no Rio de Janeiro. Doce ilusão. As cenas, na verdade, documentam a recepção apoteótica que os americanos dispensaram, na Quinta Avenida, ao aviador solitário que fizera a travessia histórica Nova Iorque - Paris. O fecho de ouro vem com a imagem de uma manchete - esta, real - impressa imprudentemente por um jornal esportivo na véspera do jogo: "Brasil, Campeão do Mundo".

Albuquerque teve de reescrever a história numa ilha de edição para finalmente poder conviver em paz com a lembrança de 1950. Mas a experiência inesquecível que viveu no Maracanã no dia 16 de julho de 1950 o acompanha há séculos:

— Como eu só tinha 11 anos, fui ao Maracanã com meu pai e minha mãe, no carro de um amigo da família. Chegamos ao estádio às dez da manhã, para ver um jogo que só começaria às três. Nós levamos aqueles sanduíches que eram preparados na véspera, com pão de fôrma, mas a polícia estava recolhendo as garrafas, na entrada da arquibancada. Ao meio-dia, com sanduíches, mas sem bebida, já estávamos entalados. Por azar, ficamos justamente atrás da barra em que Ghiggia marcaria aquele maldito gol. O que aconteceu foi uma das coisas mais terríveis para mim, um garoto de 11 anos: o silêncio que se fez depois do segundo gol do Uruguai era o contraponto ao som do estádio inteiro cantando "Touradas de Madri" na partida contra a Espanha. Aquilo foi a mudez total, um réquiem.

"Eu me lembro com perfeição de um detalhe: quando estava voltando para casa, vi, na Praia do Flamengo, perto da avenida Oswaldo Cruz, um carro em que um menino de minha idade agitava uma bandeirinha do Uruguai. Nunca me esqueci daquela maldita bandeira. A partir daquele instante, um dos sonhos de minha vida era acordar de manhã e ler no jornal que, tal qual Atlântida, o Continente Perdido, o Uruguai tinha afundado no mar. Não tenho ódio nenhum do Uruguai. Tenho ódio daqueles 11. Mas deveria ter ódio dos jogadores brasileiros. Não sou violento, mas, quando abriram o Aterro do Flamengo, tudo escuro, eu pensava: "Um dia, bem que Obdúlio Varela, o capitão do Uruguai, poderia atravessar na frente do meu carro..." Eu sei que, na hora, eu pisaria no freio. Mas, pelo resto da vida, iria sonhar em dar uma cacetada em Obdúlio. Logo descobri que eu não era o único a ter esse trauma. Quando acabei o vídeo em que o Brasil ganha o jogo, eu, que nunca fiz análise, disse: "Agora que foi campeão de 50, o Brasil resolveu o meu problema com o Uruguai." Ficou perfeito. Dois a um para o Brasil. A partir daí, passei a pensar com todo o carinho sobre aqueles malditos jogadores do Uruguai. A ida ao Maracanã no dia da final teve outro significado para mim. Quando nós estávamos deixando o estádio, eu disse: "Papai, mamãe, e agora? Posso usar calça comprida?" Meu pai disse que sim. Aquilo me salvou: ali, momentos depois da derrota, fiquei livre da maldita calça curta".[12]

> **OS JOGADORES CONVOCADOS PARA A SELEÇÃO BRASILEIRA DE 1950:**
>
> **Goleiros:** Barbosa (Vasco da Gama) e Castilho (Fluminense)
>
> **Zagueiros:** Augusto (Vasco), Nílton Santos (Botafogo), Juvenal (Flamengo) e Nena (Internacional)
>
> **Médios:** Bauer (São Paulo), Eli (Vasco), Danilo (Vasco), Rui (São Paulo), Bigode (Flamengo), Noronha (São Paulo)
>
> **Atacantes:** Friaça (São Paulo), Alfredo II (Vasco), Zizinho (Bangu), Maneca (Vasco), Baltazar (Corinthians), Adãozinho (Internacional), Jair Rosa Pinto (Palmeiras), Ademir Menezes (Vasco), Chico (Vasco), Rodrigues (Palmeiras)
>
> **Técnico:** Flávio Costa (Vasco da Gama)

A derrota dói porque pode ter sido "a perda de uma oportunidade histórica"

Arnaldo Jabor, cineasta, amarga o gosto de fel daquele domingo:

- Talvez nosso destino tenha sido traçado pelo gol de Ghiggia. Deus nos proteja. Acho que nunca mais seremos campeões do mundo de 1950.[13]

O antropólogo Roberto DaMatta elegeu o trauma de 50 como um dos temas de um trabalho apresentado no Ibero-American Studies Center da Universidade de Winsconsin-Madison. A derrota do Brasil em 50 "é, talvez, a maior tragédia da história contemporânea do Brasil", diz DaMatta em "Esporte na sociedade: um ensaio sobre o futebol brasileiro":

- A derrota trouxe uma visão solidária da perda de uma oportunidade histórica (...). Ocorreu no início de uma década na qual o Brasil buscava marcar o seu lugar como nação que tinha um grande destino a cumprir. O resultado foi uma

---

[12] João Luiz de Albuquerque, entrevista ao autor, RJ, 26/1/2000

[13] Arnaldo Jabor, *O Globo*, 30/6/98

busca incansável de explicações e responsabilidades para essa vergonhosa derrota.[14]

Que derrota é essa que faz dramaturgos articularem explicações tardias; que trauma é esse que faz cineastas tentarem inutilmente mudar o curso dos fatos; que dor é essa que faz compositores engendrarem teses sobre as paredes do Maracanã; que tragédia é essa que faz críticos de cinema cumprirem o papel de pesquisadores de futebol; que pesadelo é esse que faz ex-jogadores acordarem, suados, no meio da noite, sem saber se o gol que salvaria o Brasil é sonho ou é real?

Eis o nome do carrasco: Alcides Edgardo Ghiggia.

Eram 4h39 da tarde do domingo 16 de julho de 1950. Bastou um chute enviesado do ponta-direita do Uruguai, aos 34 minutos do segundo tempo. O Brasil viu nascer, no Maracanã, uma maldição que já dura meio século. Nunca tinha sido tão fácil ganhar uma Copa. Bastava um empate diante do time fracote do Uruguai para que aquela Seleção conquistasse o primeiro título mundial para o futebol brasileiro. Mas o Brasil deu a Copa - de mão beijada - ao time que locutores exagerados chamavam de "esquadra celeste". Desde então, 1950 virou sinônimo de tragédia, azar, urucubaca. A pátria choraria nelsonrodriguianas lágrimas de esguicho no meio-fio pela Copa para sempre perdida.

A de 50 foi a mãe de todas as derrotas. A primeira derrota sofrida pela Seleção Brasileira no Maracanã continua a ser a maior de todas - meio século depois.

A multidão, muda, parecia "ter se transformado em pedra"

O naufrágio brasileiro diante do Uruguai, vizinho pequenino e incômodo, deixou de ser um acontecimento meramente esportivo. Virou uma lenda, um trauma mal resolvido. O ex-técnico da Seleção Brasileira João Saldanha reagia com alguma irritação ao culto à "tragédia de 50". Para ele, a derrota foi apenas uma derrota. Mas, dessa vez, João Saldanha estava errado. A derrota de 50 não foi apenas uma derrota de um time de futebol diante de outro. Porque, no Brasil, futebol não é apenas um esporte.

Gilberto Freyre, estrela de primeira grandeza na sociologia brasileira, já notava,

---

[14] Roberto DaMatta, "Esporte e sociedade: um ensaio sobre o futebol brasileiro" - em *Universo do futebol*, Edições Pinakotheke, 1982.

num texto de apresentação que escreveu, três anos antes da Copa de 50, para um livro de Mário Filho (*O negro no futebol brasileiro*):

- O futebol teria, numa sociedade como a brasileira, em grande parte formada por elementos primitivos em sua cultura, uma importância toda especial que só agora vai sendo estudada sob critério sociológico ou parapsicológico. E era natural que tomasse aqui o caráter particularmente brasileiro que tomou. Pois tornou-se o meio de expressão moral e socialmente aprovado pela nossa gente de energias psíquicas e de impulsos irracionais que, sem o desenvolvimento do futebol, teriam provavelmente assumido formas de expressão violentamente contrárias à moralidade dominante em nosso meio.

Freyre certamente não esperava, mas a sociedade que se orgulhava de praticar a miscigenação iria jogar a culpa pela derrota contra o Uruguai sobre os ombros de dois jogadores negros - o goleiro Barbosa e o zagueiro Bigode. Coincidência ou não, o Brasil passaria as décadas seguintes sem ver um goleiro negro vestindo a camisa de titular da Seleção.

O próprio Mário Filho escreveria:

"A prova da derrota de 1950 estaria naqueles bodes expiatórios, escolhidos a dedo, e, por coincidência, todos pretos: Barbosa, Juvenal e Bigode. Os brancos do escrete brasileiro não foram acusados de nada."

Traumatizado pela derrota, Mário Filho - que hoje é nome de estádio, justamente o Maracanã - pintaria assim o cenário da derrota:

"Parecia que a multidão de 220 mil pessoas não se mexia. Estava parada, transformada em pedra. Os que podiam chorar soluçavam. Os que podiam andar fugiam do Maracanã. Quando eu ia saindo, vi um rapaz rodar, cair de cara no chão e ficar como morto (...). Não se ouvia uma buzina dos carros que voltavam. A cidade fechou as janelas, as portas, mergulhou no luto. Era como se cada brasileiro tivesse perdido o ente mais querido. Muitos juraram naquele 16 de julho nunca mais ir a um campo de futebol. Poucos se aperceberam de que naquela provação se temperava uma geração de campeões do mundo."[15]

A maldição de 50 mudou até a camisa da Seleção Brasileira

A guerra que o Brasil perdeu - a finalíssima da Copa do Mundo de 1950, no Maracanã, contra o Uruguai - tem uma história secreta, marcada por lances que

---

[15] Mário Filho, "O Drama do 16 de Julho", em *O Brasil nas Copas do Mundo*, Esso, 1966

ninguém viu: o drama vivido pelos jogadores fora do gramado. O Brasil ia ganhar 11 deuses na tarde do domingo 16 de julho de 1950. Ganhou 11 anti-heróis. O Uruguai levantou a taça diante do maior público reunido até hoje para assistir a um jogo de futebol (calcula-se em 200 mil). Vai se passar uma eternidade, antes que o Brasil tenha de novo uma chance tão indiscutível de ser campeão mundial em pleno Maracanã.

O trauma foi tão grande que um dos jogadores do Brasil passou as décadas seguintes se comunicando com o capitão da Seleção do Uruguai, Obdúlio Varela - por telepatia. O zagueiro Bigode perdeu um apartamento.

Bauer voltou para São Paulo dormindo no chão, dentro de um trem.

O artilheiro do Brasil perdeu a memória - só se lembra que foi parar em Teresópolis, debaixo de uma jaqueira.

O goleiro teve de ir ao DOPS dizer que não era comunista.

O atacante que perdeu a chance de empatar o jogo numa cabeçada no último segundo de jogo sonha com o Maracanã cheio de gente dentro do quarto.

O ponta-esquerda revela pela primeira vez o esquema que armou, dentro de campo, para tentar silenciar os gritos do capitão do Uruguai, Obdúlio Varela.

Os 11 craques de 1950 conquistaram, na verdade, o primeiro título importante do futebol brasileiro: o vice-campeonato mundial, um motivo de orgulho em qualquer outro país. Menos no Brasil, é claro. Para o Brasil, naquele dia, o *Titanic* afundou, o *Hindenburg* pegou fogo, o Arco do Triunfo ruiu. O trauma de 50 mudou até o uniforme da Seleção. O azul-e-branco de 50 deu lugar, já na Copa seguinte, à camisa amarela, hoje marca registrada do futebol brasileiro em qualquer lugar do planeta.

O *Dossiê 50*, a história secreta da tragédia do Maracanã, nasceu de 14 horas de gravação com os 11 jogadores que entraram em campo no Maracanã naquela tarde que David Nasser batizou de "estúpida". Não é nem quer ser uma tese sobre o naufrágio brasileiro. É uma reportagem que pretende deixar registrada, para a crônica do futebol brasileiro, a voz dos nossos 11 anti-heróis de 16 de julho de 1950: o retrato falado de uma dor brasileira.

Se o Brasil tivesse vencido, se aquela bola cabeceada por Ademir no final do jogo tivesse estufado as redes, se Ghiggia tivesse errado o chute fatal, se o capitão da Seleção Brasileira tivesse erguido a taça de Campeão do Mundo, se tudo tivesse dado certo, ainda assim a história do duelo entre Brasil e Uruguai não

seria tão fascinante. Porque o relato de uma vitória pode ser perfeitamente previsível.

A história desses 11 anti-heróis é, quem sabe, uma metáfora da história do Brasil: a pretensão de grandeza negada por uma derrota inesperada.

Logo, logo o jogo se transformou, na galeria das feridas nacionais, em "tragédia" - descrita por todos os superlativos possíveis. Como não foi documentado pela televisão - onipresente em copas futuras -, o naufrágio brasileiro diante do Uruguai ganhou, na imaginação do país, a dimensão de lenda. Se não existe o videoteipe indiscutível para tirar dúvidas, destruir mitos e congelar o tempo, a narrativa da tragédia vai ganhando acréscimos pelo tempo afora. É como se a memória de cada um se encarregasse de remodelar a tarde daquele domingo para adaptá-la a um roteiro pessoal. A imaginação se mostra capaz de retocar um fato consumado. Basta ouvir o depoimento dos maiores protagonistas da tragédia - os 11 jogadores que entraram em campo. Cada um parece descrever um jogo diferente. O jogador brasileiro Bigode levou ou não um tapa de Obdúlio Varela, o temido capitão uruguaio? "Sim!", "Não!", "Jamais!" - dizem depoimentos conflitantes. Os jogadores tiveram ou não tiveram de empurrar o ônibus enguiçado, a caminho do estádio, no dia da decisão contra o Uruguai? "Sim!", "Não!", "Jamais!" Talvez seja melhor apenas registrar os relatos desencontrados. Porque, ao deixar dúvidas no ar, eles apenas confirmam: o 16 de julho de 1950 ganhou o *status* de mito, inclusive entre os jogadores que entraram em campo.

Maracanã, 1950: o último grande acontecimento do Brasil pré-TV

É fácil entender por que a tragédia de 50 se presta a estes retoques: a derrota do Brasil foi o último grande acontecimento esportivo nacional que escapou das lentes da televisão. Naquele julho de 1950, a televisão estava para nascer no Brasil. A primeira transmissão só seria feita dois meses e dois dias depois, a 18 de setembro, quando a TV Tupi começou a transmitir para escassíssimos 22 receptores, espalhados nas vitrines de lojas de São Paulo. Diz a lenda que o fundador dos Diários e Emissoras Associados, o pioneiro Assis Chateaubriand, teria danificado uma câmera novíssima, ao usar uma garrafa de champanhe para batizá-la. O biógrafo de Chateaubriand, o jornalista Fernando Morais, desmente a lenda do champanhe, mas dá curso a outra explicação: a água benta espargida por um padre é que teria danificado o equipamento. Menos mal. O primeiro incidente etílico da TV brasileira passa a ser litúrgico, para efeito de registros históricos.

O que ficou daquele jogo no Maracanã? Cenas esparsas de um filme, até hoje repetidas à exaustão em épocas de Copa do Mundo. Mas não existe a filmagem do jogo completo. Não é possível saber com certeza absoluta se o capitão uruguaio Obdúlio Varela deu ou não um tapa no zagueiro brasileiro Bigode. Diz a lenda que ele deu. Bigode jura que não. Hoje, as câmeras espalhadas por todos os cantos do estádio se encarregariam de desempatar a briga. Mas em 50 havia apenas uma câmera de filmar numa extremidade do gramado. O tapa, se existiu, escapou do olho da lente para entrar na imaginação coletiva como símbolo da humilhação que aquele vizinho pequeno e pretensioso, o Uruguai, impôs ao gigante brasileiro.

Testemunha ocular do naufrágio, Paulo Perdigão pinta o trauma com tons épicos, em *Anatomia de uma derrota*, leitura obrigatória sobre a Copa de 50:

- Sófocles e Eurípides ficariam deslumbrados com a harmoniosa grandeza dessa patética epopeia conduzida pelas veleidades do destino. Dela teria feito Nietzsche um libelo contra a existência de Deus. Jung, concebido uma prodigiosa exegese do inconsciente coletivo. Nada faltaria a Wagner para compor um fulgurante monumento operístico. Porque, de todos os exemplos históricos de transe nacional, a Copa de 50 é o mais belo, o mais apoteótico: é um Waterloo dos trópicos. Sua história é o nosso *Gotterdummerung* ("Crepúsculo dos Deuses", título da ópera de Richard Wagner).

- A derrota - arremata Perdigão - transformou um fato normal em uma narrativa excepcional: é um mito fabuloso que se conserva e se agiganta na imaginação popular.

Se a odisseia brasileira de 50 se tornou uma "narrativa excepcional", um "mito fabuloso", chegou a hora de passar a palavra aos grandes narradores, os únicos personagens que podem dizer o que aconteceu, dentro do gramado, naquela tarde de domingo: os 11 jogadores que entraram em campo.

Vai começar a partida.

"GHIGGIA, o Papa e Frank o Maracanã. Eu

São 4h39 da tarde do domingo 16 de julho de 1950. Lá vem a fera avançando em direção ao gol do Brasil, lá vem aquele ponta-direita de nome esquisito, lá vem o carrasco Ghiggia com a bola nos pés. Duzentos mil torcedores olham para as mãos de Barbosa, o goleiro do Brasil. Trinta e quatro minutos do segundo tempo.

Ninguém no estádio ouve o último grito de desespero de Barbosa. "Eu gritei para Juvenal." Mas o zagueiro chega uma fração de segundo atrasado. Não

Sinatra calaram também calei."

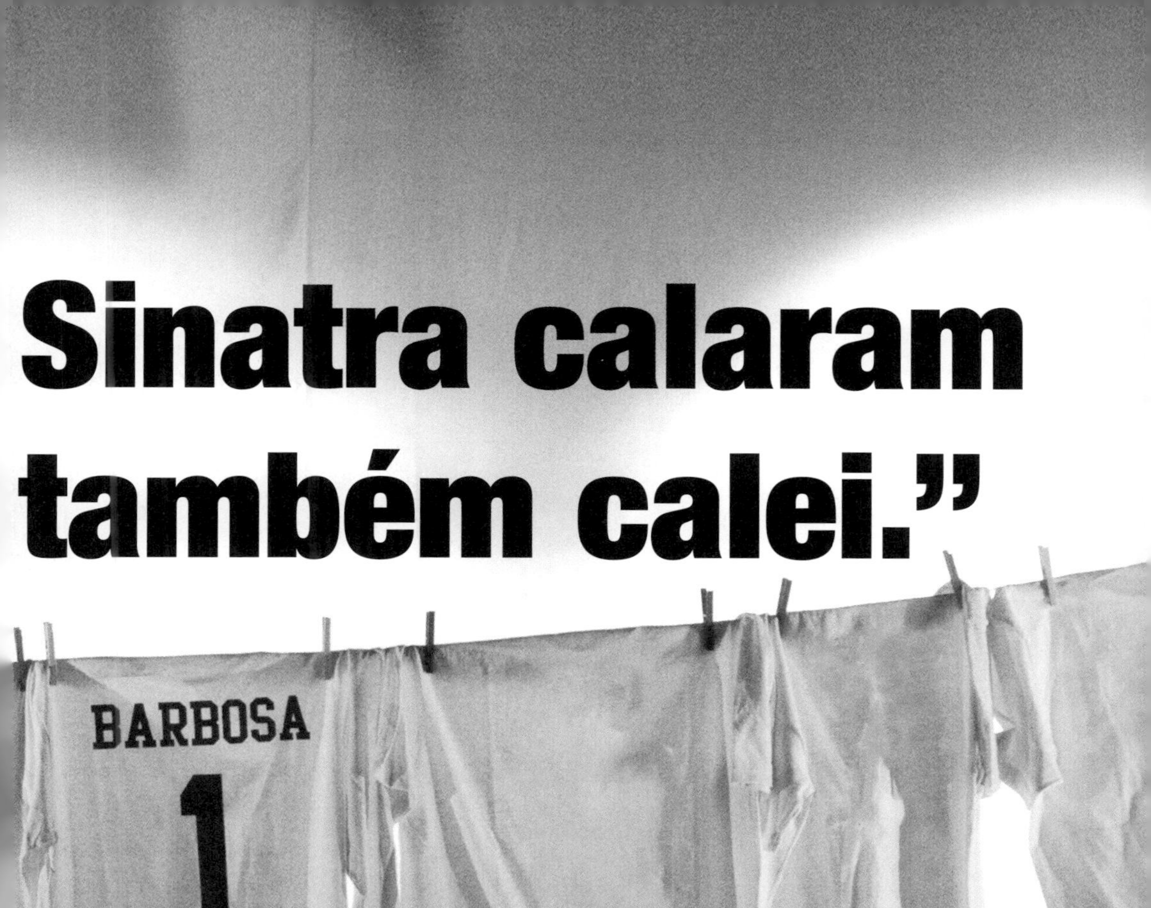

consegue interromper a trajetória da bola. Não dá tempo. Ghiggia chuta. A bola cruza a pequena área. Vai para o fundo da rede. Dois a um para o Uruguai.

Crucificado pelos que caçavam um culpado para a derrota, Barbosa carregou o trauma durante anos a fio. Quando uma equipe de televisão quis levá-lo, 35 anos depois, para a gravação de uma entrevista na pequena área fatídica, no Maracanã, Barbosa recusou o convite. Não queria revisitar o cenário do confronto final com Ghiggia. A recusa dá a dimensão do trauma.

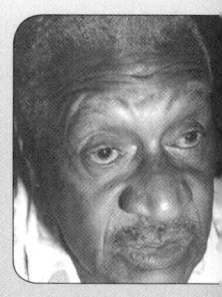

Barbosa revela um lance de bastidores que jamais chegou ao conhecimento da torcida: tentou fazer uma refeição na concentração do Brasil, no dia da finalíssima contra o Uruguai, mas mal pôde comer, porque a todo momento era interrompido por cartolas, políticos e penetras de todo tipo que queriam saudar os "campeões do mundo". O técnico Flávio Costa teve de partir para o Maracanã antes da hora prevista, para garantir um mínimo de privacidade aos jogadores.

Barbosa se lembra de um atropelo extra no domingo inesquecível: um enguiço no ônibus da Seleção, na ida ao estádio.

O inferno astral de Barbosa duraria uma eternidade. Meses depois, foi chamado a depor no DOPS, o Departamento de Ordem Política e Social, para explicar por que tinha assinado um manifesto do Partido Comunista - na época, condenado à ilegalidade. Uma ironia: Barbosa era o goleiro predileto de Getúlio Vargas.

Barbosa pede justiça. Diz que 50 marca, na verdade, o nascimento do Brasil como potência do futebol.

- O Brasil teve, ali, a primeira chance de se projetar para o mundo em termos futeboleiros (sic), porque, até então, nosso país era tido como um mero participante. Em 50, tivemos a chance porque nos preparamos. Tivemos seis meses de preparação! A minha mulher até hoje cobra de mim, porque estivemos seis meses fora, fomos a Araxá, para Poços de Caldas. Chegava um sujeito, botava o microfone, eu mandava recado para minha mulher: "Fulana, eu estou assim, vai tudo bem." Depois, eu ouvia o que ela tinha a me dizer. Era esta a nossa ligação matrimonial durante seis meses! Nós, então, nos preparamos realmente para disputar. Talvez tenha sido essa a primeira vez em que o Brasil se preparou para disputar uma Copa do Mundo. 1950 foi o marco inicial de outras conquistas. Um detalhe: um ano depois, em 1951, quando os uruguaios faziam a mesma festa que nós pretendíamos fazer aqui, Vasco e Peñarol jogaram dentro do Estádio Centenário, em Montevidéu. Os uruguaios diziam que o jogo ia ser a confirmação daquilo que eles conquistaram no Maracanã. Mas o que aconteceu? Fui lá e ganhei de 3 x 0. A mesma decepção que tivemos aqui eles tiveram lá. Não puderam festejar. O Peñarol era a base do Uruguai. O Vasco, a base do Brasil. Se houve vingança, essa foi a primeira e única.

"O nosso técnico, Flávio Costa, disse, antes do jogo: 'Não admito deslealdade.' Veja bem a conotação da coisa: não admitia deslealdade. Mas o futebol é para homem; é jogado por homens. Depende de como cada um capta a recomendação. Deslealdade significaria dar um pontapé, um soco. Era o que Flávio não admitia. Mas a recomendação do técnico não afetou Bigode, ao contrário do que dizem. Bigode sempre foi um jogador raçudo e viril. Não iria fugir de suas características. Teria que jogar como jogou.

"O que houve realmente é que, até o jogo contra a Espanha, nós estávamos num céu - a concentração da Seleção, no Joá. Era tranquilo. A gente só se lembrava de que tinha o jogo quando alguém falava: 'É hoje. Vamos descer lá embaixo para liquidar os gringos. Depois, a gente volta para soltar nossos balões, fazer nossa fogueira e fim de papo.' Acontece que, após o jogo contra a Espanha, botaram a gente já como campeões do mundo: tiraram a gente do céu - a concentração no Joá- e botaram no inferno, em São Januário. Então, em São Januário, passamos a ser bonecos e garotos-propaganda de políticos. Era candidato a presidente da República, a deputado, a vereador, a delegado, uma porção de coisas. Nós é que pagamos por isso. Tinha até delegado. Isso tirou o sossego que a gente tinha.

"Quando era dia de jogo, eu dificilmente comia ou fazia refeição, porque a minha digestão era difícil. Então, eu não fazia. Pela manhã, eu comia um bife ou dois ovos quentes - e ficava naquilo. Só ia me alimentar após o jogo. Quando chegou o dia da final contra o Uruguai, eu sentei na mesa, mas só comi uma folha de alface e uma rodela de tomate, porque, a cada garfada,

> **O PÚBLICO DA FINAL:**
>
> **173.850 pagantes.** Calcula-se o total de espectadores, entre pagantes e não-pagantes, em **200 mil** - o que corresponde a exatamente 10% da população estimada pelo censo de 50
> (2 milhões e 303 mil). **É até hoje a maior plateia da história do futebol.**

vinha um sujeito e dizia: chegou fulano de tal, 'candidato a presidente da República'. Diziam meia dúzia de besteiras. Quando a gente sentava, vinha outro: todo mundo então se levantava para receber o 'seu' fulano, candidato. Onze horas da manhã, o técnico Flávio Costa pegou a gente, reuniu todo mundo, botou dentro do ônibus e levou para o Maracanã. Guardou a gente lá como se guarda touro antes da tourada na arena. Ficamos trancados dentro do vestiário - comendo sanduíche e descansando até a hora de entrar para 'a arena', como se diz.

"Ninguém se alimentou porque ninguém teve tempo de comer, tal era o número de pessoas querendo tirar partido da situação. Então, Flávio Costa teve que pegar a gente, levar logo para o Maracanã e acabou.

"A gente tinha consciência de que os políticos queriam nos usar. Mas não podíamos fugir; esse é que é o problema. Por quê? Porque eles nos pegavam todos ao mesmo tempo. Para que se tenha uma ideia: apareceu na concentração do Joá um grupo de rapazes e moças com um abaixo-assinado que deveríamos assinar, porque era a favor da paz, pelo bem da coletividade. Assinamos o documento. E sabe o que era? Um manifesto comunista! Quatro ou cinco meses depois da Copa, fomos chamados para prestar depoimento no DOPS (Departamento de Ordem Política e Social): tínhamos de dizer se éramos comunistas ou não. A que ponto chegamos! Nós entramos nessa sem saber, assim como entramos na propaganda de candidatos a nem sei o quê.

"Além de tudo, em São Januário, a poluição provocada por uma fábrica de tintas ia parar lá dentro de nossa concentração. Nós éramos obrigados a levantar cedo, para não ficar com aquela poluição.

"O ônibus que levava a gente para o Maracanã enguiçou: a gente teve de empurrá-lo! Mas, depois, tivemos tempo para descansar.

"Quando estava na concentração no Joá, a gente tinha sinuca e instrumentos musicais para fazer samba. Mas, em São Januário, o problema era a afluência: a gente via uns quarenta ônibus ao redor da concentração. Uns sujeitos querendo autógrafos; outros tirando fotografias para vender. Flávio Costa, então, foi obrigado a fechar, porque senão, a gente não teria tempo nem para comer.

"A gente já sabia que nossa obrigação era uma só: ganhar. Mas o silêncio da torcida durante a final até certo ponto pesou, em termos de incentivo. Se você tem incentivo, a coisa vai. Se não tem, o negócio cai. Tinha que cair. A gente sente, quem é que não vai sentir? Dizer que não sentiu é mentira!

"Infelizmente, aqui no Brasil, a gente só olha uma coisa: ou você é campeão ou não é. Porque vice, meu filho ... Aqui, não tem valor nenhum.

"Honestamente: não passou pela minha cabeça que a gente fosse perder para o Uruguai. Teve o Sul-americano em 1949 e a Copa Rio Branco logo depois. Ganhamos os dois. O placar no Sul-americano foi 5 x 1 para o Brasil.

"O nosso técnico fez o que tinha que fazer durante a Copa. Não adianta o técnico ficar gritando se o jogador não obedece. Não adianta nada. O técnico grita, grita, grita e o jogador não obedece. Quanto mais ele grita, pior fica.

O goleiro Barbosa revê o "carrasco" Ghiggia: quando se encontrava com jogadores brasileiros, Ghiggia diz que falava de tudo, "menos de futebol", por uma "questão de respeito"

"É conversa essa história de que Obdúlio Varela ganhou o jogo no grito. Mas faltou ao Brasil uma voz de comando. Depois que o Uruguai fez 2 x 1, o Brasil reagiu, mas desordenadamente, na base do bumba-meu-boi, no sufoco.

"Sempre fui um jogador que os uruguaios respeitavam pra burro: a mim, a Zizinho, a Ademir. Toda vez que havia um evento no Uruguai, eles convidavam a mim, ao Ademir e ao Zizinho. Só nós três. Pagavam as passagens. Os outros eles deixavam. Por quê? Porque tínhamos uma afinidade maior. Dentro de campo, contra o Uruguai, encaramos o jogo. Fora, no convívio social, valia a amizade. Deixava de existir disputa. Não há a disputa.

"De qualquer maneira, quando o jogo acabou, fui cumprimertar Schiaffino, Obdúlio Varela e Máspoli - que agradeceram e foram festejar o título.

"Quando o Uruguai fez o gol de empate, houve um resfriamento natural da parte do Brasil. O segundo gol foi pior ainda. Veio de um lance imprevisível. Todo mundo pensou que Ghiggia fosse tocar a bola para trás, para outro jogador, como aconteceu no primeiro gol do Uruguai. Tenho minhas dúvidas sobre se Ghiggia realmente queria chutar a gol. Não sei bem o que ele pretendia fazer. Nem ele talvez tenha realmente noção do que quis fazer. Eu esperava que ele cruzasse a bola para a área: era esta a lógica da jogada. Mas não me desesperei com o gol. Não adiantava eu me desesperar. O gol aconteceu, não adiantava: Desespero foi o que aconteceu depois, mas aí o Brasil não conseguiu chegar lá.

"Depois da Copa, cheguei a me encontrar com Ghiggia, mas nunca tocamos no assunto: nem ele me perguntou nem eu perguntei a ele. Nunca. Jamais tocamos nesse assunto. Nunca tive curiosidade de perguntar a ele.

"De qualquer jeito, quando a bola foi lançada para Ghiggia, Juvenal teria de ir lá. O Bigode se deslocaria para cobrir o lado de Juvenal. Mas Juvenal não foi. Ghiggia, muito veloz, veio embora. Chegou a entrar na pequena área. Eu gritei para Juvenal, para ele marcar. Mas, nessa hora, Ghiggia chutou. Tchau. Já era.

"Quando o jogo acabou, saímos do Maracanã para São Januário. O meu compadre e minha mulher estavam me esperando no meu carro, me levaram para casa. Cheguei aqui em casa, botamos o carro para dentro da garagem. Depois, fomos a uma ruazinha que tinha um restaurante. Queríamos jantar. Tudo estava deserto. Não tinha ninguém na rua. Depois de tudo, foi uma desolação tremenda.

"Não chorei, mas senti. Não vou dizer que não. Cada um tem uma maneira de reagir a uma adversidade. Eu senti, mas não extravasei. Tive que conter minha mulher e meu compadre, porque os dois é que choravam muito.

"Diziam, antes da final, que nós, jogadores, iríamos ser candidatos a vereador, a deputado. Tinha casa, tinha fazenda pra gente. Depois ... Você sabe o que ganhamos? Acho que mil cruzeiros.

"Disseram que Obdúlio Varela tinha dado um tapa em Bigode. É conversa, é mentira, é invenção. Uma vez me disseram que quem inventou foi Mário Filho [jornalista esportivo, irmão de Nelson Rodrigues]. Aliás, contestei o que Mário Filho escreveu: que tremamos porque éramos pretos. [Mário Filho apenas constata que a culpa foi jogada nos jogadores negros; não os acusa.]

"Mário Filho também andou dizendo que, no dia de minha estreia na Seleção Brasileira, contra a Argentina, em São Paulo, Flávio Costa teria me tirado de campo no intervalo porque eu estaria com o calção todo sujo. Todo sujo de merda - é essa a expressão. Mas eu nem quis contestar, porque essa é uma baixeza tão grande que nem vou descer a esse nível.

"Talvez tenha existido racismo no fato de culparem a mim e a Bigode. Mas não acredito que tenha existido: se existisse racismo, eu não teria voltado à Seleção Brasileira, como titular, como voltei, no Sul-americano de 53. Só não fui à Copa do Mundo de 1954 porque estava com a perna quebrada.

"É como João Saldanha dizia: se não existe crioulo na Seleção, não vai. Se não existe crioulo no samba, não existe samba.

"A única coisa que me magoou foi o sujeito não respeitar o meu título de vice-campeão do mundo. É o que me magoa. Uma vez, quando cheguei à Rússia, me perguntaram: 'Quais são os seus títulos?' E eu: 'Campeão sul-americano, vice-campeão do mundo ... ' Quiseram saber o que é que eu tinha na minha terra. Eu disse: 'Não tenho nada. Pelo contrário: me esculhambam!' E eles: 'Aqui na Rússia, você seria grão de não sei o quê, uma série de coisas. Se a gente tivesse conquistado o que você conquistou, estaria no céu.' Eu digo: 'Pois no meu país eu não sou nada, porque lá no Brasil dizem que sou covarde porque perdi uma Copa do Mundo! Já me chamaram até de traidor da pátria!'

"Aliás, eu gostaria de saber a razão por que jogam a culpa na gente - em mim e em Bigode.

"Cheguei a uma conclusão depois daquela Copa: a humildade é uma das coisas mais sublimes. Minha vida mudou depois de 50. Eu me julgava um sujeito prepotente. Depois, cheguei à realidade, vi que nós somos o que somos - nada mais! Ninguém é mais nem menos do que ninguém.

RENDA DA FINAL:
Cr$ 6.262.959,00

"A derrota mexeu com o Brasil todo. Eu senti a derrota no aspecto esportivo. Mas sempre achei que nós, brasileiros, subestimamos aquilo que somos. Nunca acreditamos no que somos.

"O Brasil será um grande país no dia em que acreditarmos naquilo que somos. Mas até hoje ainda duvidamos daquilo que somos.

"Há quem queira que o país continue subdesenvolvido, não cresça perante o mundo: querem ver o Brasil espezinhado, massacrado, pisado. A gente tem que aturar, mas ainda acredito que nós, o Brasil, vamos vencer.

"Eu disse a Ghiggia que eu também já calei o Uruguai, no Estádio Centenário, em Montevidéu. Venci os uruguaios por 3 x 0.

"Por incrível que pareça, nunca sonhei com a final. Nunca aquele jogo contra o Uruguai me vem em sonho. Se eu sonhasse, não iria mudar o rumo da história.

"A Copa de 50 foi o primeiro grande momento do futebol brasileiro. Ali o futebol brasileiro passou a ser conhecido no mundo, diante do que a gente apresentou. Não fomos campeões, mas a nossa equipe foi considerada uma das melhores daquela Copa.

"A verdade é que não existe uma explicação para a nossa derrota. Uma explicação que se poderia dar é subestimação do adversário, uma pré-vitória, uma pré-consagração do Brasil. Mas a gente tinha de enfrentar o Uruguai, um tipo de futebol igual ao nosso. Nós, os jogadores, sabíamos das dificuldades que íamos encontrar. Mas o povo não foi preparado para essa dificuldade. O povo e a própria Seleção. Porque a Seleção entrou na euforia do 'já ganhou'. Aquilo nos perturbou bastante.

"Raça não faltou ao Brasil. Se a gente tivesse tido a tranquilidade necessária, se aquela final tivesse sido disputada fora do Brasil, talvez nós tivéssemos ganho a Copa.

"O instante maior de todo jogo é aquele do início. Em toda partida decisiva, os nervos ficam à flor da pele nos primeiros dez, quinze minutos. Depois que se começa a tomar parte do jogo, a coisa vai: a gente joga o dia todo, a noite toda. Mas o início do jogo é que é o problema.

"Por ter sido a final da Copa, aquele jogo trouxe mais responsabilidade. O que aconteceu é que as responsabilidades, ao invés de serem divididas, foram jogadas, todas, para cima de nós, jogadores. Aquilo pesou bastante na balança na hora de buscar a tranquilidade necessária para ganhar a partida.

Barbosa: "Cheguei a uma conclusão, depois daquela Copa: a humildade é uma das coisas mais sublimes"

"Quando o Brasil jogou com o Uruguai na Copa de 70, falaram em vingança de 50. Mas não vi assim. Honestamente: eu lavei minha alma um ano depois da nossa derrota na final da Copa, quando viajei para o Uruguai, pelo Vasco da Gama, para enfrentar o Peñarol.

"Hoje, depois de tudo, me sinto feliz por ter participado da Copa de 50, porque, ali, o Brasil apareceu para o mundo como potência do futebol.

"Quando o Brasil fez 1 x 0 na final, não dei a partida como ganha. Porque sempre tive por lema uma coisa: sempre ganhei ou perdi uma partida quando o juiz apitou o final. Antes, nunca! A euforia foi grande na hora que fizemos 1 x 0. Mas, nos dois gols que tomamos, vimos o reverso da medalha: ao invés de risos, lágrimas.

"O silêncio foi pior ainda. Mas, quando o Uruguai empatou, não pensei em perder o jogo. Porque a gente sempre pensa no melhor. Se pensar no pior, é derrotado, sempre.

"O Brasil teve tempo suficiente para ganhar. Só não teve tranquilidade.

"O gol de Ghiggia nasceu de uma jogada que ele estava fazendo desde o início do jogo: corria para a linha de fundo e cruzava para trás. Vinham, então, dois ou três jogadores pegar o cruzamento: Miguez, Schiaffino, o próprio Obdúlio Varela, Julio Perez vinham para concluir a jogada. Numa dessas, eu pensei que ele, Ghiggia, fosse fazer a mesma coisa, mas ele não fez. Tentou outra coisa e deu sorte. Azar meu, sorte de Ghiggia. [Ao invés de cruzar para um de seus companheiros de ataque, Ghiggia arriscou um chute a gol.]

"Quando a bola entrou, não sei o que passou pela minha cabeça: numa hora dessas, a gente pensa em tudo - menos, talvez, no futebol.

"O silêncio do Maracanã, sem dúvida, repercutiu em nós, jogadores. Mas pior foi depois. Dá aquele trauma de tudo, chega a hora de encontrar a família, também triste. Quem é que não ficaria triste numa hora dessas? Então, o trauma da família juntou-se ao trauma dos jogadores. Tudo serviu de lição.

"Talvez tenha havido falha no nosso time, sim, mas falha de conjunto - não individual. Não se pode dizer que o culpado foi A, B ou C. Éramos 11 lá dentro de campo. Não éramos nem Barbosa, nem Bigode nem Juvenal. O excesso de otimismo talvez tenha contribuído, sim, para que houvesse falhas de conjunto. Mas eu, pessoalmente, não admitia a possibilidade de darmos uma goleada no jogo final, porque conhecia o Uruguai - um adversário difícil e respeitável. Se eu fosse campeão do mundo, fim de papo. Teria atingido o ápice. Mas me considero um sujeito feliz, porque sou vice-campeão do mundo.

"Em todo caso, a derrota pesou porque o título de Campeão do Mundo pela Seleção Brasileira é o único que não consegui na minha carreira. Ver o Brasil campeão em outras copas já foi um alívio grande. A maior lição que um homem pode tirar de uma derrota é usar os ensinamentos que ela traz, como a necessidade de ser humilde e a capacidade de reagir para procurar uma vitória maior. O futebol brasileiro conseguiu.

"A vida tem dessas coisas: o atacante perde dez, vinte gols, mas, se faz o gol numa vitória por 1 x 0, é considerado herói. Já o goleiro, coitado, faz defesas durante 89 minutos, mas, se leva um gol no último minuto, é tido como o carrasco. É assim a vida da gente.

"Depois, fui chamado de 'favorito do Getúlio Vargas'. É uma história que aconteceu num momento crucial para mim: eu tinha sofrido uma dupla fratura de perna, estava internado no hospital, em maio de 1953 - três anos depois da Copa, portanto. Recebi a visita de um secretário do presidente Getúlio Vargas. Para mim foi uma honra. Depois é que fiquei sabendo, através do porta-voz, que Getúlio Vargas tinha admiração por mim.

"Ghiggia diz que só ele, o Papa e Frank Sinatra calaram o Maracanã. Eu também fiz o Brasil calar, fiz o Brasil chorar: não é só ele que tem esse privilégio não.

"A tristeza foi geral. A gente encontrou as ruas desertas, o povo todo recolhido. Aquele não foi o Dia V, não. Para nós, foi o Dia D - mas de derrota.

"Muita gente não entrou para a história. Eu jamais sairei da história do futebol brasileiro por causa daquele jogo, em 16 de julho de 1950."

OS GOLS DA FINAL:

Friaça para o Brasil no primeiro minuto do segundo tempo. Schiaffino - 25 minutos - e Ghiggia aos 34 para o Uruguai.

"Eu seria o pr[imeiro] brasileiro a le[vantar]... Mas tudo é so[nho]

- A cena já estava toda pronta, na minha imaginação - confessa o capitão da Seleção Brasileira, o zagueiro Augusto. - O jogo terminava. O Brasil, absoluto, ganhava fácil do Uruguai. A gente se perfilava no gramado, em frente à tribuna de honra do Maracanã. Já estava combinado que Jules Rimet viria até o gramado. Depois de cantar o Hino Nacional, a gente veria chegar o velhinho Jules Rimet com a taça na mão. Eu pegaria a taça das mãos de Jules Rimet. Todo feliz, ergueria a taça lá

imeiro
vantar a taça.
nho."

para o alto. - Augusto agora faz uma pausa: - Mas tudo é sonho. Jules Rimet entregou a taça a Obdúlio Varela.

Augusto, o homem que deveria ter inaugurado, em 1950, o gesto que ficaria famoso anos depois nas mãos de Bellini, Mauro, Carlos Alberto e Dunga _ os capitães que ergueram a taça do Brasil campeão do mundo -, entrou em campo tão certo da vitória, que seria capaz de dizer, com antecedência, o placar da decisão da Copa do Mundo: 3 x 1 para o Brasil.

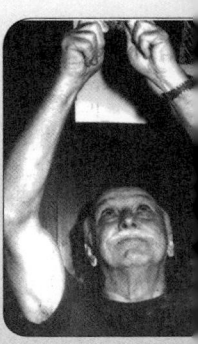

> **CINCO TIRADAS DE NELSON RODRIGUES SOBRE 50:**
>
> 1. "Quase houve um suicídio nacional quando não fomos campeões do mundo. Éramos, todos nós, brasileiros, uma nação que quase toma formicida."
>
> 2. "O gol de Ghiggia ficou gravado, na memória nacional, como um frango eterno. O brasileiro já se esqueceu da febre amarela, da vacina obrigatória, do assassinato de Pinheiro Machado. Mas o que ele não esquece, nem a tiro, é o chamado frango de Barbosa."
>
> 3. "Por que perdemos em 50? Porque o Uruguai era uma pátria e nós, um time."
>
> 4. "Sentado em nossa alma, o espectro de 50."
>
> 5. "Uma tragédia pior do que a de Canudos. Só os cretinos fundamentais estavam radiantes."
>
> Fonte: *A pátria em chuteiras*. Companhia das Letras, 1994

Quando, na vida real, o Uruguai fez 2 x 1, a apenas 11 minutos do final, o capitão brasileiro viu a realidade revogar de uma vez por todas a previsão que ele próprio tinha feito, intimamente. Terminado o jogo, testemunhou o companheiro de equipe, Danilo, chorando no ombro de um locutor. Diz que durante "dias, meses, anos" ficou remoendo uma esperança: "Meu Deus, se Barbosa tivesse pegado aquela bola de Ghiggia, se a gente tivesse feito o gol de empate..."

De noite, no silêncio do quarto, sonhou, "não sei quantas vezes", com a vitória impossível. Quando se lembrava do jogo, era invadido por uma estranha sensação: a de que "uma coisa estava me esmagando por dentro".

- Se a gente for comparar, eu diria que a Seleção de 70 talvez tivesse um ou dois craques que descontrolassem o adversário, como Pelé e Gérson, mas, como conjunto, me parece que a de 50 era melhor.

"A Seleção de 50 nos ensinou que, em futebol, não se ganha jogo algum antes de entrar em campo. Por que dizer 'o time que vai jogar contra nós é fraco'? Nunca é fácil. A dificuldade no futebol é justamente essa. Cinquenta alertou os jogadores. O Brasil ainda teve a infelicidade de 1954. Mas é que em 54 a Seleção foi feita às pressas, além de ter sido mal administrada.

"A derrota de 50 teve a dimensão de uma tragédia nacional porque o futebol mexe com todos os brasileiros. Cinquenta foi também uma grande tragédia, porque o Brasil tinha esperado um bocado por aquela Copa. A última Copa do Mundo tinha sido disputada em 1938. Com a inauguração do Maracanã, 200 mil pessoas encheram o estádio certas de que o Brasil iria vencer. Como nós, jogadores, também tínhamos certeza da vitória, deu-se essa tragédia - uma das maiores para o Brasil.

"O futebol é bonito porque o melhor às vezes pode perder; o pior às vezes pode ganhar. Não acho que deva existir o sentimento de vingança contra o Uruguai. Falaram em vingança no jogo de 1970. Eu, pessoalmente, não vi como vingança. Se eu tivesse jogado e vencido em 1970, aí sim, poderia ter considerado o jogo como uma revanche. Mas me senti bem logo depois da Copa do Mundo de 1950 quando fui jogar pelo Vasco contra o Peñarol. Vencemos fácil o Peñarol, com todos aqueles jogadores da Seleção uruguaia. Aquilo já me lavou a alma um pouco. Mas não lavou tudo não. Eu seria falso se dissesse que a vitória do Vasco no Uruguai me lavou o coração ou que não tenho mágoa. Tenho, sim, porque a Copa de 50 significava, para mim, a última chance de ser campeão do mundo. Mas estou muito satisfeito em ser vice-campeão do mundo: é muita glória para mim.

"A verdade sobre a final é esta: quando entramos em campo, todos no Brasil- não somente os outros jogadores, mas eu também - estávamos certos de que o jogo seria fácil. O próprio Uruguai sentia que o jogo iria ser difícil para eles. Tenho certeza de que o Uruguai entrou em campo para perder de pouco! O que é que acontece? Quando há muita facilidade, a gente facilita. O Brasil ainda fez o primeiro gol - aquela euforia toda. Se o negócio é fácil, então se facilita um pouco a marcação. O Uruguai não se entregou de jeito nenhum. Pelo contrário: lutou e lutou como sempre fez. Não houve falha nossa na parte técnica. Houve falha nos gols_principalmente no segundo. Quando Bigode foi vencido pelo Ghiggia, como tinha sido na primeira vez, tinha que haver uma cobertura em cima do Ghiggia. É normal no futebol: a defesa vai se deslocando toda. Mas não foi o que aconteceu com o Brasil. Então, Ghiggia avançou até a linha de fundo e resolveu chutar a gol. Não sei como é que ele chutou. São coisas que acontecem uma vez ou outra. Houve falha de cobertura - no caso, seria Juvenal. Em futebol, não se pode dizer 'eu fico com o meu, faço minha marcação, o atacante que eu marco não faz gol'. Futebol não é assim. É um jogo coletivo, são 11 em campo. Cada um jogando para si é tênis: um de cada lado.

"Não acredito que tenha havido uma recomendação para que Bigode não jogasse duro. Pelo menos na minha frente não houve essa recomendação. Porque eu também era um jogador duro, sempre fui. Joguei como sempre. E me saí bem, graças a Deus.

"Flávio Costa não faria uma recomendação dessas, porque iria tirar completamente as virtudes do Bigode - que era um jogador duro. O problema é que Bigode teve a infelicidade de dar aqueles carrinhos e não pegar Ghiggia, um jogador muito rápido. É como aconteceu depois: quem é que pegava Garrincha? O beque inglês ou russo não poderiam dizer que tiveram ordem de não bater no Garrincha. O que eles não conseguiam era pegá-lo mesmo! Não estou comparando Ghiggia com Garrincha, mas apenas dando um exemplo.

"Eu sofri a frustração de 50 tanto como jogador como quanto brasileiro. Porque realmente o Brasil até hoje quer fazer tudo o maior do mundo: é carnaval, é estádio, é ponte, é usina. Então, ser o 'maior do mundo' já é normal para o Brasil. Mas o país não pode se preocupar em fazer alguma coisa 'a maior do mundo' porque pode ter uma frustração.

"O Maracanã, o maior estádio, foi o primeiro da série. Em 1950, Obdúlio Varela ficou como um mito, mas não se pode dizer que foi ele que ganhou a final para o Uruguai. Obdúlio gritava porque era, também, um jogador que já estava se acabando. Para suprir suas dificuldades físicas, ele gritava e puxava a camisa. Não se pode dizer que o jogo iria ficar fácil para o Brasil se ele saísse de campo, machucado por um de nossos jogadores. Nós iríamos perder também um jogador, expulso. Então, ficariam dez contra dez - a mesma coisa.

"Eu, como capitão, não aprovaria um recurso desses. Disseram que Obdúlio Varela deu um tapa em Bigode. Não é verdade. Bigode não seria tão covarde a ponto de levar um tapa e ficar quieto. Nós todos, que éramos colegas de Bigode, não iríamos aceitar algo assim passivamente. Aproveitaram a derrota para dizer que Obdúlio deu um tapa, mas o tapa não aconteceu. Absolutamente! Quanto ao silêncio, eu penso o contrário do que se diz. Diante daquele silêncio todo da torcida, houve uma reação grande do Brasil! Nós atacamos incessantemente! Mas, com o time perdendo, a gente atacava meio desesperadamente, sem a coordenação necessária, cada um querendo fazer mais do que o outro. Houve - realmente - um desespero nosso quando o placar estava 2 x 1 para o Uruguai. Mas o silêncio não chegou a ter um peso negativo sobre o time, porque o Brasil reagiu muito no final.

"Eu me lembro: quando já estava 2 x 1, fui levando a bola até quase a área do Uruguai. Passei para Friaça. Só tinha um jogador na frente de Friaça, já dentro da área, mas Friaça perdeu a bola. O lance poderia ter resolvido a situação para o Brasil. Naquele desespero, todo mundo quer fazer tudo ao mesmo tempo. Fica difícil.

"Mas o time do Brasil não ficou intimidado com Obdúlio Varela. A gente já conhecia os gritos que ele dava. A torcida é que não conhecia. Mas os jogadores já sabiam. Não houve intimidação nenhuma.

"Quando o Uruguai empatou o jogo, eu, como capitão do Brasil, tentei incentivar o nosso time a brigar mais ainda. Mas aí levamos o segundo gol- um jato de água fria. Quando a gente estava tentando reagir ao empate, veio o gol de Ghiggia - que nos esfriou um pouco. Com o silêncio da torcida, o Brasil reagiu. Comecei a gritar com o pessoal: 'Vamos lutar, vamos brigar, vamos pra frente!' Eu senti que Jair, Bauer e Danilo estavam abatidos. Como eram craques, sentiam mais o peso. Notei que eles - realmente - ficaram um pouco acabrunhados.

"Eu, sinceramente, só achei que o jogo estava perdido quando o juiz apitou o final da partida. Porque, nos últimos minutos, o Brasil atacou muito. O goleiro do Uruguai, Máspoli, teve de fazer defesas muito boas. Teve até bola na trave. Fui até o último instante. Quando o juiz apitou é que eu disse para mim mesmo: 'Perdemos mesmo, não adianta mais nada'.

"Não chorei, mas tive vontade. Fiquei muito triste. Nossos jogadores entrando no vestiário debaixo daquele silêncio todo. Danilo chorava muito. Ainda me lembro daquilo porque eu e Danilo somos muito amigos. Ver Danilo chorando no ombro daquele pessoal... Os outros jogadores também ficaram desesperados. A gente ficava olhando sem saber se era verdade mesmo. Chega uma hora em que você não acredita. Depois, por muitos dias, meses, anos, eu ficava imaginando: meu Deus, se eu fizesse uma jogada assim talvez a gente tivesse empatado, Barbosa poderia ter defendido aquela bola do gol de Ghiggia... Sinceramente: aquilo ficou na minha cabeça por anos. Fica até hoje.

"Porque o Brasil até hoje se lembra de 1950. Viajo muito pelo Brasil. Em todo lugar, sou uma figura muito marcada. Quando sabem que sou o Augusto do Vasco, a primeira pergunta é sempre esta, impreterivelmente: Você desculpe, mas o que é que houve em 50?

"Fico tranquilo. Não me irrito. Pelo contrário: sou uma espécie de relações públicas, gosto de falar sobre futebol. Dou explicações para todo mundo. Alguns aceitam, outros não.

"Eu me lembro de que fui do Maracanã para casa, na Ilha do Governador. Já nem sabia o que falava, não me lembro o que se conversou. Nessa hora, não existe palavra capaz de evitar aquela coisa que nos esmaga por dentro. Um dia depois, voltei a trabalhar normalmente, porque, desde 1941, eu era também funcionário público. Sempre joguei futebol e trabalhei. Fui, então, à minha repartição, no Largo da Carioca. Eu era da polícia especial. Tive de aturar os meus colegas de polícia me gozando.

"Várias vezes sonhei com aquele jogo com o Uruguai. O placar era sempre diferente, no sonho. A gente ganhava, eu levantava a taça. Quantas vezes eu sonhei...

"Os sonhos começaram a acontecer dias depois do jogo. Anos depois, ainda fico pensando: 'A gente podia ter vencido aquele jogo'. Era o único título que faltava na minha carreira, o de campeão mundial.

"A minha frustração talvez tenha sido maior porque, como capitão do Brasil, eu seria o primeiro jogador brasileiro a levantar a taça. Mas os outros jogadores têm uma frustração grande também, porque, para eles, aquela Copa foi a última.

"Eu, por exemplo, estava com 30 anos. A maioria dos jogadores tinha, mais ou menos, essa idade. Um ou outro era mais novo. A Copa de 50 era a última chance que teríamos. Tive a frustração mas não me desesperei a ponto de ficar louco da vida. Como jogador, sempre aceitei muito as derrotas e as vitórias. Não ficava, é claro, satisfeito com uma derrota, mas aceitava. O que é que eu ia fazer? Sempre tive mais glórias do que frustrações. Em minha vida no futebol, tive sorte no Vasco da Gama: campeão de 45, 47, 49, 50, 52, campeão invicto diversas vezes, campeão sulamericano, campeão dos campeões, campeão brasileiro, vice-campeão do mundo pela Seleção Brasileira.

"Quanto ao jogo contra o Uruguai, na final da Copa, vou ser franco: eu tinha pensado num placar de 3 x 0 ou 3 x 1. Ainda hoje fico pensando: 3 x 1 seria um bom placar. Os uruguaios fariam um gol, para não dizer que não tinham marcado nada. A verdade era esta mesmo: pensei que fôssemos vencer. Quem é que entra em campo pensando em perder?

"Jules Rimet estava no Maracanã. Terminou entregando a taça a Obdúlio Varela. Eu já tinha um esquema, na minha imaginação. Todo feliz, eu ergueria a taça para o alto - um sonho.

"Eu imaginava essas cenas, mas, depois do jogo, não tinha nada na mão.

"Horas antes da partida, nós estávamos almoçando na concentração quando chegou um candidato a presidente da República, se não me engano, Cristiano Machado. Nós, então, nos levantamos da mesa, na hora do almoço, para ouvir discursos e promessas mil. Se vencêssemos, seríamos deputados, senadores. É claro que seria bom se vencêssemos e ganhássemos tantas coisas. Mas não sei se essas promessas influenciaram a Seleção.

"De qualquer jeito, o sossego dos jogadores foi perturbado. Desde três dias antes do jogo, houve muita perturbação: a euforia era tremenda. Era visitante, político, promessas, autógrafos - uma tremenda barafunda.

"A troca de concentração foi prejudicial ao time brasileiro. Antes, estávamos isolados, no Joá, porque o acesso à concentração era difícil.

"Dizem que os jogadores tiveram de empurrar o ônibus enguiçado, na Quinta da Boa Vista, a caminho do Maracanã. Mas não me lembro dessa cena. Mas me lembro de que feri o supercílio - uma coisa pequenina. Alguém jogou uma pedra quando o ônibus estava passando. Não me lembro exatamente onde foi. Mas sei que não foi nada que chegasse a influenciar o jogo.

"A gente tinha consciência de que queriam explorar politicamente a Seleção. Os políticos estavam fazendo o papel que lhes cabe. Eu via que eles estavam explorando a gente, mas o que é que eu ia fazer? Infelizmente nosso papel era esse. Os dirigentes nos mandavam: 'Vão lá, eles querem conversar com vocês!' Então, íamos. Não custava nada: eram promessas que a gente ouvia. Infelizmente, nada pôde ser concretizado.

"O nosso técnico não teve – sinceramente - culpa nenhuma na derrota. Não teve mesmo! A torcida muito menos. Vou culpar a torcida por termos perdido para o Uruguai? A culpa é dos jogadores, dentro do campo. O excesso de confiança foi trágico. Facilitamos um pouco. Quando abrimos os olhos, já era tarde. Procuramos com toda a força o empate, mas não deu. A culpa foi toda nossa. Os jogadores são culpados. Pronto.

"Não houve mudança tática nenhuma: o Brasil estava atacando; continuou atacando. Depois do segundo gol do Uruguai, que veio numa daquelas escapadas de Ghiggia, continuamos procurando o empate de 2 x 2. Não conseguimos. Mas merecíamos ganhar aquela Copa do Mundo porque éramos - realmente! - melhores do que todos os outros países. A verdade é essa. A campanha do Brasil foi ótima. O time estava cada vez melhorando mais. Mas, em futebol, a gente não pode contar com vitórias.

CINCO ANÚNCIOS DE JORNAL EM 16 DE JULHO DE 1950:

1. *"Rádios: em 15 prestações. Sem entrada. Sem fiador. Cr$ 120,00. Luiz Costa Leal. Rua da Alfândega, 111-A."*

2. *"Travesseiro Ventilado Yankee. Exposição e vendas: rua da Quitanda, 23."*

3. *"Não se coce! Passe Mitigai que a coceira passa."*

4. *"Lustres de Cristal: De 26 das melhores fábricas européias para todo o Brasil. Galeria São Pedro."*

5. *"Sei que estou fazendo um bom negócio ... Adquirindo um lindo bangalô na Granja Paraíso - o novo e futuroso recanto em Jacarepaguá."*

Fonte: *Diário Carioca*

"Lembrar da Seleção de 50 pela derrota é uma injustiça. Nós fomos muito maltratados pela imprensa. Não vi a imprensa falar mal do Brasil na Copa de 1982, mas ali o Brasil não ganhou, não foi nem vice-campeão.

"Em 1978, o Brasil perdeu, mas foi 'campeão moral'. A derrota que ficou é a de 50. Fui chamado de traidor! Aliás, todos nós: 'traidores da pátria'. Isso saiu nos jornais! Talvez tenha sido um desabafo da imprensa, porque ela precisava dar alguma satisfação ao público, mas foi uma injustiça com os jogadores.

"Tive essa mágoa com a imprensa. Não merecíamos ser tratados desse jeito. Nós éramos ídolos até a véspera do jogo.

"Não tive nenhuma crítica dirigida a mim, pessoalmente, porque me saí bem. Fiz parte da Seleção dos melhores jogadores da Copa de 50: fui escolhido como o melhor zagueiro-direito. Nunca fui diretamente criticado. Tive sorte. Eu me saí muito bem no próprio jogo contra o Uruguai. O que magoou foi essa crítica geral ao time: nos chamaram de traidores da pátria por termos perdido.

"Quanto ao que acontecia na nossa concentração: jogava-se baralho escondido do técnico, sim. Mas não se ficava acordado por noites perdidas... Não era razão para perder uma partida. O que acontece é o seguinte: sempre que ocorre uma derrota, é preciso achar alguma explicação...

"Houve, sim, desentendimento entre os jogadores sobre a divisão dos prêmios. Quando estávamos concentrados, ficou combinado que qualquer coisa, qualquer prêmio, qualquer publicidade, qualquer presente seria dividido entre todos os jogadores. Mas me parece - não tenho bem certeza - que um jogador andou guardando presentes que tinha recebido: não dividiu. Houve, então, uma discussão, uma briga, porque não se estava cumprindo o compromisso que tinha sido firmado antes entre todos.

"Falei com Jair. O problema é que, se fossem vender um lustre naquela época para dividir o dinheiro com todo mundo, daria uma bobagem para cada um. Eram vinte e tantos jogadores, além do treinador.

"Mas esse episódio não teve influência, porque os jogadores se . davam muito bem - uma amizade que permaneceu depois, a não ser entre os que se afastaram, como é o caso de Juvenal. Fizemos uma amizade boa e sincera.

"O que ganhei foi uma medalha de prata da Fifa, pelo vice-campeonato, além de um prêmio que nem me lembro de quanto foi.

"Não sei quanto deixei de ganhar: talvez dinheiro, automóveis, promessas vãs que fazem mas, depois, não cumprem.

"Dentro de campo, Obdúlio Varela me chamava de 'Dom Augusto', naquela conversa fiada. Quando o jogo acabou, eu fui dar os parabéns a ele. Nesse momento, Obdúlio foi muito gentil comigo. Como campeão do mundo, ele tinha de ficar feliz com o fato de eu, capitão do Brasil, ter ido falar com ele. Com Ghiggia, não falei, porque não tive oportunidade. Cumprimentei o juiz também. Depois, fui diretamente para o vestiário. Não fiquei no gramado.

"Aprendi uma lição: a gente deve batalhar sempre. Nunca deve pensar que já conseguiu o máximo. Isso virou um dogma na minha cabeça. Sempre luto o máximo que posso. É o que fiz no meu emprego de funcionário público: entrei como polícia especial, cheguei a censor federal quando me aposentei. A gente também nunca deve pensar que uma coisa é fácil.

"Tudo é difícil. Quando a gente facilita um pouco, elas se tornam mais difíceis ainda.

"A grande lição que tirei da Copa do Mundo de 50 foi essa.

"Se fosse possível esquecer o que aconteceu naquele dia, seria bom. Mas não se esquece.

"Não pude esquecer.

"Eu, capitão do time, naquela idade, estava diante de minha última chance de conquistar o título de campeão do mundo.

"Eu sabia que não teria outra chance depois."

"NÃO É POSSÍ[VEL]
Brasil não ten[h]
de empate."

O pé de Juvenal ia salvando o Brasil. O filme do gol de Ghiggia registra o momento cramático: quando o ponta-direita do Uruguai dispara o chute fatal, a três metros do zagueiro Bigode, Juvenal entra em cena, numa disparada enlouquecida, para tentar interceptar a bola.

– Eu vim correndo lá de trás. Já cheguei atrasado. Ghiggia chutou até grama.

VEL que o
ha feito o gol

Juvenal lamenta: se Bigode tivesse feito uma falta em Ghiggia, fora da área, a tragédia não teria acontecido. O que aconteceu, então? A explicação de Juvenal é simples: a recomendação do técnico Flávio Costa ("Quero disciplina! Cuidado com as pancadas.") intimidou jogadores que, numa situação normal, não teriam dúvida em dar entradas duras nos jogadores uruguaios, em lances decisivos. Juvenal jura que perguntou a Bigode por que é que ele não fez uma falta em Ghiggia no lance do gol do Uruguai.

- Bigode - diz Juvenal - respondeu que teve medo de fazer uma falta, porque "seu Flávio disse que não era para dar pancada".

- O segredo da vitória perdida - garante Juvenal - estaria na recomendação do técnico. Bastava que o treinador dissesse: "Quero que vocês ganhem o jogo de qualquer maneira." A gente ganhava. Botava a bola debaixo do braço. Se o falecido Heleno estivesse jogando, o Brasil seria campeão. Porque ele parava o jogo, botava a bola debaixo do braço, discutia com o juiz. Aquele juiz inglês que apitou a final contra o Uruguai estava louco para dar a vitória ao Brasil. Queria que um caísse dentro da área para nos dar a vitória. Mas, não. O treinador, no vestiário, já dizia: "Disciplina!" Resultado: o Brasil, campeão de disciplina. Uruguai, campeão do mundo. Não interessa.

O próprio Juvenal confessa que deixou de dar entradas duras, por medo de ser repreendido pelo técnico.

Passou as décadas seguintes fazendo uma conta interessante: diz que, naquele 16 de julho, foi campeão do mundo três vezes. Quando o placar estava zero a zero, se sentiu campeão, porque o Brasil jogava pelo empate. Quando o Brasil fez um a zero, redobrou a certeza. Quando o Uruguai fez um a um, ainda assim Juvenal se viu com a mão na taça.

Consumada a tragédia, Juvenal passou quatorze dias em casa. Não queria ter notícias do mundo exterior.

De quem foi a culpa, afinal? Apontado por outros jogadores como culpado, porque não deu cobertura a Bigode no pique de Ghiggia rumo ao gol, Juvenal se defende:

- Não faltou cobertura. Ghiggia estava sem ângulo para fazer o gol. Se eu saísse correndo logo, daria a Ghiggia a chance de atrasar a bola para o centroavante que, descoberto, faria o gol de qualquer maneira. Eu estava colado com Miguez, o centroavante. Pensei: "Ghiggia vai atrasar, porque não tem ângulo para chutar." Mas ele chutou.

Juvenal faz um outro reparo à escalação da Seleção Brasileira:

- Nílton Santos não poderia ter ficado na reserva, porque ele foi a enciclopédia do futebol brasileiro. Bigode é que jogou.

"Faço uma comparação: a Seleção de 50 não foi campeã, mas tinha craques melhores do que a de 70. A derrota diante do Uruguai já foi vingada, porque o Brasil foi várias vezes campeão mundial. O Brasil perdeu a Copa de 50, em primeiro lugar, por excesso de confiança. Em segundo, porque a imprensa fez o Brasil campeão antes do jogo contra o Uruguai. Os jogadores entraram em campo já como campeões do mundo.

"Houve um erro técnico do nosso treinador, que disse: 'Disciplina em primeiro lugar!' Ora, uma Seleção chega à final de uma Copa do Mundo. O comando geral – no caso, o técnico – deve dizer: 'Quero ganhar de qualquer maneira! Não quero saber! Ganhem de qualquer maneira, porque os jornais europeus vão abrir: Brasil campeão do mundo! Não quero saber como é que foi ... ' Mas o que é que nosso treinador disse? 'Disciplina! Cuidado com as pancadas!' Então, o Brasil afundou. O próprio Bigode, um lateral duro, ficou com medo...

"Flávio Costa chamou Bigode e disse: 'Cuidado com os pênaltis!' Então, deixou Bigode com medo. Eu perguntei: 'Bigode, por que é que você não fez uma falta no ponta-direita do Uruguai, fora da área?' E ele: 'Fiquei com medo, porque de uma falta pode nascer um gol.' Nasce mesmo! 'Se eu fizesse a falta, poderia nascer um gol. Seu Flávio disse para a gente não dar pancada.'

"A gente nem precisava tirar algum jogador do Uruguai. Não! Bastava o treinador dizer: 'Quero que ganhem de qualquer maneira!' Naquela época, era Flávio Costa no céu e Deus na terra.

"Não poderíamos fazer as coisas por nossa conta dentro do campo, porque, se houvesse um erro, ele iria dizer que não nos mandou fazer aquilo. Mas, se ele dissesse que queria ganhar a Copa de qualquer maneira, fim de papo: ganhava. O jogo parava, eu ia sair de beque-central, fazia confusão e acabava o assunto. Mas deixei de dar entradas mais duras, com medo de Flávio Costa reclamar. Durante o jogo, ele não dizia nada, não fazia gesto nenhum, porque ficava no túnel. Antes, numa preleção no vestiário, é que ele disse que queria disciplina dos jogadores dentro do campo.

> **PRIMEIRO CONFRONTO ENTRE BRASILEIROS E URUGUAIOS DEPOIS DA COPA:**
>
> *Vasco (base da Seleção Brasileira) **3 x 0** Peñarol (base da Seleção Uruguaia), em Montevidéu, no dia 8 de abril de 1951.*

"Eu senti uma influência negativa do silêncio que se fez no Maracanã. Quando veio aquele silêncio, me senti derrotado. Quando o Uruguai fez o segundo gol, peguei a bola no fundo da rede. Perguntei aos fotógrafos e cronistas esportivos que estavam atrás quantos minutos faltavam para o fim do jogo. Disseram que faltavam 13. Eu pensei: 'Dá tempo, com o Brasil atacando.'

"Mas, com o silêncio, o jogo esfriou.

"A agitação para a final começou já na concentração. Políticos apareciam para tirar foto: um queria ser presidente, outro queria ser governador, outro queria ser vereador...

"Quando chegou o dia da decisão contra o Uruguai, acordei às cinco da manhã, com uma alvorada. Parecia um quartel. Havia um pelotão em frente à concentração. Depois da alvorada, teve missa. Em seguida, a população começou a entrar. Era um tal de dar autógrafo, tirar fotografia, assinar bola, aquela guerra de nervos. Depois, apareceram os políticos. Era gente de Cristiano Machado, Getúlio Vargas, Ademar de Barros. A gente tinha de tirar fotografia.

"Aquilo não me cansou fisicamente, mas me cansou mentalmente. Naquele tempo, não existiam, na concentração, as diversões que existem hoje, como videocassete e televisão. Os jogadores gostavam de jogar baralho, a única maneira de passar o tempo dentro da concentração, depois dos treinamentos.

"Houve um erro: o treinador tirou a gente da concentração no Joá para nos levar para a concentração em São Januário. O Joá era uma concentração tranquila.

"De vez em quando, iam artistas para dar um show, como Lúcio Alves, Carmélia Alves, Emilinha Borba. Davam o show, iam embora. A gente ia dormir.

"Já em São Januário era grande a agitação.

"O nosso ônibus, no dia do jogo, foi conduzido diretamente para o Maracanã, sem incidentes. Tenho o testemunho de Paulo Amaral - que era da polícia de choque naquele tempo. Quando a gente chegou ao Maracanã, encontrou os colchões no vestiário, para que pudéssemos deitar e descansar. Lá, ninguém nos perturbou. Era só esperar a hora do jogo. Quatro horas de espera para entrar em campo. A gente nem ouvia os discursos que foram feitos por políticos no Maracanã.

"Quando o Brasil fez um a zero, com Friaça, achei que era o início da vitória, mas não esperava ganhar de goleada. Nós entramos em campo como campeões. A imprensa fez o Brasil campeão! Não imaginei um placar para o jogo. Tanto fazia ganhar de um ou de cinco. O importante era ganhar. O Brasil, na verdade, jogava pelo empate.

"O Uruguai empatou assim: Ghiggia centrou, atrasou a bola, Schiaffino vinha de trás e meteu. O Brasil levou o segundo gol quando faltavam uns 13 minutos para o jogo acabar. A gente poderia ter empatado. Friaça bateu um córner faltando uns dois minutos para o fim da partida. Ninguém entrou, o goleiro Máspoli saiu. Ali alguém poderia dar uma cabeçada ou empurrar o goleiro para dentro do gol. Naquele tempo, a gente falava assim: 'Empurrar ele para dentro do gol, com bola e tudo.'

"Barbosa e o Bigode foram crucificados. Depois, eu.

"Mas acho que os culpados pelo lance do gol do Uruguai foram os 11 jogadores - nós, que perdemos o jogo. Bigode teve uma infelicidade. Barbosa teve outra infelicidade.

"Ele, um grande goleiro, levou um frango porque a bola passou entre ele e o poste. O filme mostra: a bola entra entre o poste e Barbosa. Não tinha ângulo para a bola entrar.

"A bola foi para o meio do campo. Julio Perez pegou, partiu para cima de Bigode. Quando Bigode ameaçou sair, ele meteu a bola para Ghiggia. E o que aconteceu?

"Ghiggia chutou sem ângulo, resolveu aventurar. Porque não podia nem atrasar. Se ele atrasasse, eu já estava junto com o centroavante, Miguez.

"Se Barbosa botasse o pé rente à trave, a bola bateria no pé e sairia. Antes do chute de Ghiggia, houve tempo para Bigode fazer uma falta fora da área. Mas ele correu, tomou o drible, tomou outro. Ghiggia chutou até a grama.

"Obdúlio Varela se inflamou, mas não existiu essa história de ele ganhar o jogo no grito. Eu não me senti intimidado. Obdúlio Varela não assustava nada. Quando

PRIMEIRO JOGO DA SELEÇÃO BRASILEIRA CONTRA A URUGUAIA, DEPOIS DA COPA:

Brasil **4 x 2** Uruguai, pelo Campeonato Pan-americano, no dia 16 de abril de 1952, no Chile.

viu que faltavam uns dez minutos para o fim da partida é que ele começou a mostrar a camisa aos jogadores brasileiros: 'Azul-celeste, azul-celeste!' O Uruguai não tinha torcida no estádio. A torcida era mínima, uns uruguaios que estavam no Maracanã.

"Eu não falava nada: jogava atrás, como zagueiro-central ou quarto zagueiro. Tocava a bola. A gente estava jogando pelo empate! Dentro de campo, fui campeão do mundo três vezes: Brasil 0 x 0 Uruguai, Brasil 1 x 0 Uruguai, Brasil 1 x 1 Uruguai.

"Quando o jogo acabou, saí direto, desci o túnel, fui para o vestiário tomar um banho. O clima estava pavoroso nos vestiários. Era um clima de guerra. A gente perdeu a Copa do Mundo dentro de casa, na inauguração do Maracanã.

"A influência política prejudicou o rendimento dos jogadores. A mudança da concentração do Joá para São Januário foi prejudicial, porque não tivemos tranquilidade para descansar.

"Para mim, a influência maior, na derrota, foi a do treinador. Bigode, por exemplo, era um grande lateral do Fluminense, mas Nílton Santos não poderia ter ficado na reserva, como ficou. A Seleção de 50 terminou injustiçada.

"Houve, realmente, uma discussão entre os jogadores sobre a divisão dos prêmios. Danilo chegou para mim: ' ... Mas Juvenal, só quem ganha é o ataque? A gente joga aqui na defesa e não ganha nada! Ademir vai ganhar um terreno, Chico vai ganhar terreno. E a gente que joga aqui atrás?'

"A gente sabia que Ademir ia ganhar terreno, Chico ia ganhar terreno.

"Depois da Copa, só tive contato com um jogador do Uruguai - justamente Ghiggia. Quando ele foi vendido para a Itália, e eu fui para o Juventus emprestado, me encontrei com ele lá.

"Não falei com ele no dia do jogo. Quando acabou a partida, fui para casa, em Laranjeiras. Resolvi me trancar dentro de casa. Assim que saí do vestiário, peguei um táxi, junto com o massagista do Flamengo, meu clube na época. O massagista, um preto gordo, morava no Largo do Machado. Depois de deixá-lo em casa, segui adiante. Fui para casa. Fiquei uns 14, 15 dias sem sair.

"O motorista de táxi foi o primeiro torcedor que vi depois do jogo. Ele me reconheceu, mas ficou calado, porque ninguém falava nada depois da derrota.

"Eu não quis conversar com ninguém. Assim que entrei, disse para a minha mulher: 'Feche a porta. Se alguém perguntar por mim, não estou.' Eu ficava ouvindo a Rádio Nacional.

"As notícias diziam assim: querem bater em Barbosa, Ademir suicidou-se, aquela onda toda. Naquele domingo, não dormi. Fiquei ouvindo os comentários. Depois, consegui dormir direito, porque não tinha culpa nenhuma. Tinha tristeza no coração. Mas não chorei.

"Depois de uns 15 dias, a CBD mandou nos chamar, para receber um prêmio. Era até um bom dinheiro, na época. A CBD só deu esse prêmio em dinheiro. Não deu uma medalha, não deu um relógio, um título, não deu nada. Só nos recompensou financeiramente porque ela, na época, ganhou.

"O que ganhei foi um jogo de panelas de alumínio Rochedo, depois da vitória por 2 x 0 sobre a Iugoslávia, a partida mais difícil.

"O que prometeram: a Quinta Avenida - confecções - daria um prêmio; a Antarctica daria. A gente ganharia 50 contos de réis para botar a faixa azul da Antarctica no peito. Depois da derrota, não ganhamos nada. Como é que pode?

"O que foi que aconteceu ali? Excesso de confiança e política no meio. Dentro da Seleção, Flávio Costa nos tratava rispidamente. Era um treinador duro, não dava intimidade para jogador. Convocava quem ele achava necessário. Ia treinar.

"Depois da Copa, me senti como o soldado que perdeu uma batalha, mas não perdeu a guerra. Fui para o Palmeiras, sou campeão dos campeões.

"Quando me lembrava do jogo contra o Uruguai, eu pensava: 'Não é possível, o Brasil com aquela linha - Zizinho, Ademir, Jair e Chico - não ter feito o gol do empate!' Eu jogando atrás via tudo o que acontecia lá na frente. Não acreditava que o Uruguai pudesse ganhar.

"Porque adversário difícil, naquela época, tinha sido a Iugoslávia. Já no empate em São Paulo por 2 x 2 contra a Suíça o jogador é que decidiu mudar o time. Ninguém podia falar nada.

"Craques, para mim, naquela Seleção, eram Zizinho e Danilo. O menos técnico - e a gente o chamava de cabeça-de-bagre - era Chico, o ponta-esquerda. Era um jogador valente - tanto que tinha o apelido de Chico Maluco -, mas não era técnico.

"Não houve, contra o Uruguai, falha na marcação. A única falha de marcação foi a de Bigode _ no lance em que levou dois dribles. Tinha que ter tomado uma providência fora da área. Ghiggia teve participação nos dois gols. Vim correndo lá de trás, para tentar fazer alguma coisa no lance que deu origem ao segundo gol do Uruguai, mas já cheguei atrasado. Corri porque vi que Bigode não ia segurar. Ghiggia chutou até grama. Fotografias do gol mostram o próprio Bigode se condenando, porque ele bota a mão na cabeça, como se estivesse perguntando: 'Minha Nossa Senhora, o que é que eu fui fazer?'

CINCO NOTÍCIAS DE ESPORTE EM 16 DE JULHO DE 1950:

1. "Temperamental 1000%. Dentro ou fora de campo, Obdúlio Varela é sempre o mesmo. Representa para o Uruguai a edição de Heleno de Freitas em castelhano. Ia jantar. Não queria ser fotografado."

2. "Sintoma de otimismo absoluto: jogadores querem recordações da Copa do Mundo. Aos fotógrafos, pedem fotografias de lances da grande campanha. Querem recordar a maior façanha do futebol brasileiro. Recordar a conquista do título mundial."

3. "Só a vitória dará o título aos orientais. mas a Seleção Brasileira ostenta uma forma excepcional e no 'Gigante do Macarrão' estará a torcida do Brasil, animando a melhor equipe do certame de 50, que hoje deverá fechar com chave de ouro a sua brilhante campanha."

4. "Barbosa é o maior fã dos companheiros. De posse de uma fotografia do quadro brasileiro, exigiu de cada jogador a assinatura do nome. Guardou como relíquia. O climax da carreira."

5. "O drama da espera não aflige os uruguaios. O ambiente no Hotel Paissandu não diz que ali está concentrada uma equipe que logo mais à tarde poderá ter os nomes dos seus integrantes decantados em todos os idiomas."

Fonte: *Diário Carioca*

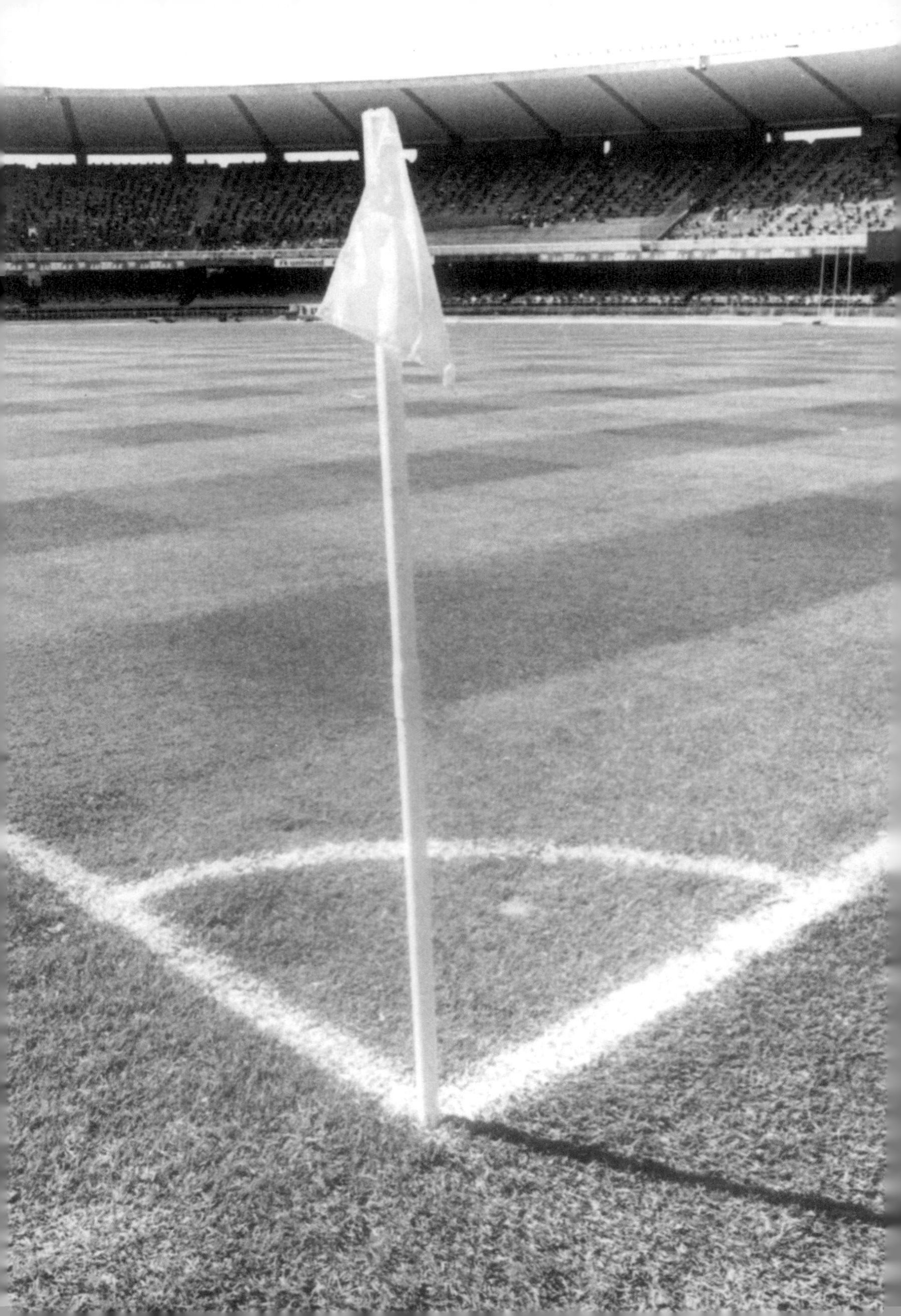

"Se Bigode tivesse feito uma falta em Ghiggia no início do lance - e se o Uruguai tivesse feito um gol de falta - ele ia ser repreendido pelo treinador fora do campo.

"Eu não tive nenhuma discussão com Zizinho no vestiário. Mas me lembro de ter visto Bigode chorando...

"Culparam Bigode e Barbosa porque houve falha. Barbosa, grande goleiro, tinha como reserva Castilho, um goleiro mais firme. Barbosa era apelidado de 'garoto preto', mas aa críticas que foram feitas depois não tinham nada de racismo.

"Comigo e com Bigode aconteceu o seguinte, na Churrascaria Gaúcha, no Rio de Janeiro: eu me sentei com minha noiva. Logo depois, Bigode chegou. Um casal, que estava sentado adiante, apontou para Bigode: 'Olhe aí quem perdeu a Copa do Mundo...' Bigode olhou, se levantou e foi embora, sem jantar.

"O futebol uruguaio sempre foi terceiro lugar no Sul-americano. Era Brasil, Argentina e Uruguai. Sempre foi. A Argentina era melhor.

"Ganhei o posto de titular da Seleção de 50 durante os treinos, em São Januário. Não voltei à Seleção depois da Copa de 50. O único que foi à Copa de 54 foi Bauer.

"Quando a política se mete no meio, acaba com o futebol. Porque no Brasil só existem três coisas: carnaval, política e futebol.

"Ao jogar pela Seleção, eu sentia assim: se você é soldado, tem que honrar o nome da pátria. Você vai para honrar. Depois, se alguém quiser dar um prêmio pela vitória na guerra, tudo bem. Mas não se deve exigir nada antes da disputa, como aconteceu, depois, em outras Seleções.

"Eu me sentia um soldado defendendo o país. Não é só numa guerra que se defende o país: é nas disputas esportivas também. Então, perder aquele jogo para o Uruguai foi como perder uma guerra. A gente não falava em dinheiro. Os jogadores não pediram prêmio, nada, nada, nada. Nós, ali, éramos como militares. Ninguém sabia de nada. Quanto ia ganhar, quanto ia deixar de ganhar. Quem vai para a Seleção Brasileira tem que defender a pátria. Defender já é um orgulho."

"VIM PARA SER
Voltei para São
do trem."

Bauer veio de São Paulo para o Rio para ser campeão mundial de futebol. Jamais imaginaria que iria fazer a viagem de volta derrotado - dormindo no chão de um trem.

Precavido, Bauer comprou uma passagem de trem para domingo à noite. Queria fazer a festa com o pai e a mãe em São Paulo.

- Naquele tempo, era assim: cada um cuidava de si. Então, comprei a minha passagem de trem para depois do jogo contra o Uruguai.

CAMPEÃO.
Paulo no chão

Durante a semana, um repórter da revista O *Cruzeiro* o procurou para dizer que ele não poderia viajar no domingo para São Paulo. Haveria uma comemoração com os campeões - os brasileiros, é claro.

A missão do repórter era acompanhar todos os passos de Bauer. Insistente, o repórter conseguiu convencer Bauer a devolver a passagem de trem.

- O repórter me obrigou a devolver a passagem, para ter a certeza de que eu ficaria no Rio depois do jogo. Fui até a Central do Brasil. Eu até já conhecia o homem do guichê, Seu Paixão. Recebi o dinheiro da passagem de volta - conta Bauer.

"Mas domingo, quando a tragédia calou o Maracanã, a comemoração virou pesadelo.

"Não tinha revista, não tinha repórter, não tinha ninguém ao meu lado. E eu estava sem passagem. Naquele domingo à noite, o Rio de Janeiro morreu. Então, em companhia do falecido Geraldo José de Almeida e de um amigo, fui até a estação. A gente embarcou no trem. Aquele fiscal que vê as passagens queria parar o trem, porque eu não tinha passagem. Queria que eu descesse. Conseguimos convencer o homem. A cabine era de dois. Comigo, três. Pedi um cobertor. Fui dormindo no chão. A verdade é essa."

O pesadelo, na verdade, vinha se desenhando desde cedo:

- Houve uma missa, que não estava programada, às sete da manhã do domingo. A gente saiu da cama bem cedo, porque ia ser rezada uma missa para os futuros "campeões do mundo". Eu sou católico, mas aquela missa não caiu num bom momento. A sexta, o sábado e o domingo foram um inferno. Houve visitação pública. Tinha gente na concentração na hora do almoço e do café. Uma arquibancada de torcedores vendo os futuros campeões do mundo almoçar. Isso não existe. A nossa cabeça não estava dentro do jogo nem coordenada com a partida. Nós fomos totalmente envolvidos. O próprio brasileiro derrotou o brasileiro.

"A melhor Seleção é sempre aquela que ganha. Mas o Brasil começou a ser campeão do mundo em 50. Em 1958, já havia um homem em São Paulo que participava das coisas do futebol brasileiro: o Dr. Paulo Machado de Carvalho - interessado, inteligente, muito vivo. Evidentemente tirou suas conclusões depois de assistir aos jogos da Copa do Mundo de 1950. Era diretor de futebol do São Paulo na minha época de jogador. Eu o conheci muito bem. Dr. Paulo Machado de Carvalho fez seus estudos e suas análises durante praticamente oito anos. O Brasil ainda foi para a Copa de 54 totalmente desorganizado. Basta ver que precisávamos do empate contra a Iugoslávia, mas ficamos tentando vencer o jogo de qualquer maneira, com apenas dez homens. Perdi cinco quilos! Aquele negócio acabou com o Brasil. Quando chegou a hora de enfrentar a Hungria, o Brasil não tinha time.

"Já em 1950 houve aquela mudança de concentração, coisa que não aconteceu nunca mais, nas mãos do Dr. Paulo Machado de Carvalho. Sempre se cumpria à risca, no São Paulo ou na Seleção Brasileira, o que se determinava. Mas, em 50, alguém achou de mudar a concentração justamente para o último jogo, a decisão contra o Uruguai. A equipe do Brasil foi levada para a concentração em São Januário, onde foi exposta a uma espécie de visitação pública aos 'futuros campeões do mundo'.

"Nós, jogadores, não dizíamos não. Todo mundo dizia: 'Vamos visitar os campeões do mundo!'

"Dois anos depois da Copa do Mundo, no Pan-americano do Chile, em 1952, ganhamos por 4 x 2 do Uruguai, uma vitória limpa e bonita. Obdúlio Varela estava lá. Não entrou para jogar. Mas os uruguaios estavam com praticamente o time de 50. Nós, com um time completamente diferente, metemos 4 x 2. Se houvesse a intenção de vingar, a vingança estaria registrada ali, apenas dois anos depois. Bigode não jogou, estava na reserva. Ademir jogou. Eu joguei o segundo tempo.

"Houve, depois de 50, uma renovação que, a meu ver, não caiu bem. Se o Brasil tivesse mantido na Seleção a maioria dos jogadores de 50, como Zizinho, Jair, Ademir e Danilo, nós teríamos ganho a Copa de 54.

"O que aconteceu em 1950 foi o seguinte: nós, os jogadores, fomos envolvidos pela euforia geral durante aqueles três dias, sexta, sábado e domingo. O Brasil já era campeão. O problema, então, foi esse.

"Não houve problema tático. Nós encurralamos o time do Uruguai, entramos em campo para liquidar logo o assunto, mas encontramos uma barreira. Hoje ninguém fala. Quem foi apontado como o maior jogador em campo? Máspoli, goleiro do Uruguai. Pegou tudo. Nós insistimos em ficar no ataque, partir para cima do time uruguaio. O Uruguai veio para o campo como um time que não quer perder - ou quer perder de pouco. Armou-se defensivamente. Eu me lembro perfeitamente que Schiaffino, meia-esquerda, estava me marcando. Julio Perez, muito bom jogador, estava marcando Danilo. Cada qual marcando um. Tinha um jogador gordo, Tejera, que não largava Zizinho. Para onde Zizinho fosse, ele ia atrás.

"Bigode deu duas entradas duras; a segunda foi violenta. O juiz inglês foi para cima de Bigode, mas não o amedrontou não. Houve uma aglomeração. Dizem que, nessa hora, ele levou um tapa. É mentira! Coitado do Bigode, não pode estar numa roda de amigos, porque logo dizem: 'Foi esse que levou - ou não levou - um tapa na cara...'

"Ora, se Obdúlio Varela desse um tapa na cara de Bigode, no Maracanã, no primeiro tempo, o jogo não terminaria! O time brasileiro iria, todo, pra cima de Obdú-

CINCO LEMBRANÇAS DO ESCRITOR URUGUAIO EDUARDO GALEANO SOBRE O 16 DE JULHO DE 1950:

1. "Eu era menino e peladeiro e, como todos os uruguaios, estava grudado no rádio, escutando a final da Copa do Mundo. Quando a voz de Carlos Solé transmitiu a triste notícia do gol brasileiro, minha alma caiu no chão. Recorri, então, ao mais poderoso dos meus amigos. Prometi a Deus uma quantidade de sacrifícios, se Ele aparecesse no Maracanã e virasse o jogo. Nunca consegui recordar as muitas coisas que prometi, e por isso nunca pude cumpri-las."

2. "A vitória do Uruguai diante da maior multidão jamais reunida numa partida de futebol tinha sido sem dúvida um milagre, mas o milagre foi acima de tudo obra de um mortal de carne e osso chamado Obdúlio Varela."

3. "Passou aquela noite bebendo cerveja, de bar em bar, abraçado aos vencidos, nos balcões do Rio de Janeiro. Os brasileiros choravam. Ninguém o reconheceu."

4. "Fugiu da multidão que o esperava no aeroporto de Montevidéu, onde seu nome brilhava num enorme letreiro luminoso (...). Escapuliu disfarçado de Humphrey Bogart, com um chapéu metido até o nariz e o impermeável de gola levantada."

5. "Em recompensa pela façanha, os dirigentes do futebol uruguaio deram a si mesmos medalhas de ouro. Aos jogadores, deram medalhas de prata e algum dinheiro. O prêmio que Obdúlio recebeu deu para comprar um Ford Modelo 31, que foi roubado naquela mesma semana."

Fonte: *Futebol ao sol e à sombra*, L&PM Editores, 1995

lio Varela! Desde 1944 Obdúlio vinha jogando contra times brasileiros, estava cansado de conhecer os jogadores do Brasil. Já sabia que, por exemplo, Zizinho não levava nada para casa. Zizinho ia para a forra, assim como outros jogadores do Brasil.

"Obdúlio procurava falar com os jogadores do Uruguai, mas nada de dar berro a torto e a direito. Em Montevidéu é que eles partiam para o berro."

"A polícia entrava em campo para bater em jogador, um negócio feio."

"Eu não me senti intimidado na final. Os uruguaios não deram pontapé em ninguém. O jogo foi limpo. O que eles fizeram foi tentar jogar na base do contra-ataque."

"Nós estávamos dominando o jogo: 0 x 0 dominando, 1 x 0 dominando, 1 x 1 dominando, 2 x 1 dominando. O problema nosso foi ter encontrado um goleiro numa tarde muito feliz. O goleiro do Uruguai é que acabou com o time do Brasil.

"O silêncio enorme do Maracanã por instantes matou o time do Brasil. Mas continuamos. Sempre faço uma comparação entre esse jogo do Brasil contra o Uruguai e os jogos do Corinthians contra o Santos. Naquele período áureo do Santos de Pelé, o Corinthians entrava em campo, dominava completamente o jogo. Mas aí Pelé liquidava o assunto com dois gols. O corintiano ficava chorando, em silêncio.

Sempre foi assim. O que acontecia com o Corinthians nesses jogos contra o Santos foi o que aconteceu com o Brasil diante do Uruguai no Maracanã.

"Sempre perguntei a meus amigos: 'Você não vê o Corinthians perder o jogo dominando? Pois assim foi Brasil x Uruguai'.

"Houve uma meia dúzia de escanteios para o Brasil, já perto do fim do jogo. Ainda no primeiro tempo, eu chutei uma bola no canto esquerdo, já estava contando com o gol, mas o goleiro Máspoli conseguiu meter para escanteio.

"O problema, antes do jogo, é que houve visitação pública à Seleção, não apenas na véspera. Tudo começou na sexta-feira. Horas antes do jogo, no domingo, tinha gente na concentração na hora do café da manhã, na hora do almoço. Era praticamente uma arquibancada de torcedores vendo os 'futuros campeões do mundo' almoçar. Isso não existe.

"Nós fomos ao Maracanã em carro de bombeiros [o depoimento de Bauer contradiz o dos outros jogadores - que falam na viagem de ônibus]. Fomos totalmente envolvidos. Nós mesmos nos derrotamos. O brasileiro derrotou o brasileiro!

"Um jornal do Rio já tinha uma foto do Brasil às cinco da tarde como 'campeão do mundo'. Ia sair, mas recolheram. Em 1982, antes do jogo contra a Itália, na Copa da Espanha, eu disse a dois italianos: 'Vocês vão ganhar o jogo!' Porque o brasileiro estava menosprezando o italiano. A Itália tinha um sistema de marcação muito rígido, o Brasil não estava marcando ninguém. Os laterais largavam tudo para avançar. Deu no que deu. Diziam-me: 'Você é mau brasileiro!' Não sou. Eu estava querendo que o Brasil ganhasse, mas via coisas que os outros não viam.

"Em 1950, o envolvimento foi de todos no resultado. Se eu disser que foi só a crônica esportiva, não é certo. Um se deixou envolver pelo outro. Nós, jogadores, entramos em campo com um plano de jogo fixado para vencer a partida com determinação.

"O Uruguai vinha caindo pelas tabelas, mas sabíamos que o jogo seria difícil. Todos os jogos foram. Vimos a Inglaterra jogar contra a Espanha. Nós esperávamos pegar o time inglês. Mas a Espanha ganhou. A maioria dos brasileiros dizia: 'Não quero pegar esse time espanhol...'

"Havia divergências sobre que Seleção deveríamos pegar. O time espanhol tinha uma linha muito boa. Os dois extremas eram um colosso. A Espanha terminou caindo para jogar contra o Brasil. Nós estávamos cautelosos.

"O meia-direita da Espanha, Igoa, fez um gol de bicicleta. Se a Espanha tivesse vencido o Brasil por 1 x 0, até hoje se falaria nesse lance. Mas o Brasil ganhou por 6 x 1. Ninguém falou nada do gol espanhol.

"Não achávamos nem que a Suécia fosse ser um páreo mole. Depois do 7 x 1 é que ficou. Mas a Suécia começou o jogo nos encarando. Jogo dificílimo para o Brasil foi o jogo que definiu nossa classificação, contra a Iugoslávia. Vencemos por 2x 0.

"Naquela época, o jogador jogava porque gostava.

"Tenho a honra de ter participado dessa turma. Jogava-se de graça pela Seleção. Era por amor mesmo.

"Eu lembro de uma coisa: a concentração era longe. Era caro sair de lá de táxi. Ninguém tinha condições. Quase ninguém tinha carro. Então, à noite, cantores iam se apresentar para os jogadores. A diversão era essa.

"Eu recrimino Juvenal, porque ele culpa Barbosa e Bigode pela derrota. Culpados fomos nós todos. Em primeiro lugar, nós, os que participamos do jogo. Todo mundo também.

"Mas não houve bate-boca nos vestiários, o que houve foi tristeza, com todo mundo chorando. Ninguém queria saber de nada. O vestiário foi um velório. Flávio Costa, coitado, não falava nada, ninguém dizia nada. Não sei quem foi o primeiro a chorar. Quando o primeiro chorou, todo mundo chorou também. Nós todos entramos no vestiário chorando.

"Quanto aos prêmios, o que havia era uma firma que dava de presente um lustre de cristal a quem marcasse o primeiro gol. Não se tinha estabelecido nenhum prêmio pela conquista da Copa. O que houve foi uma pequena reunião, quando a Coca-Cola estava se lançando no Brasil. Cada jogador ganhou cem - ou mil- cruzeiros, não sei, para tomar Coca-Cola. E esta foi a única coisa que apareceu de dinheiro. Não se ganhava nada. A CBD não deu prêmio nenhum. Nem a minha passagem para São Paulo foi paga. Paguei do meu bolso mesmo. O prêmio em dinheiro da CBD não foi grande coisa.

"A Copa de 50 mudou a atitude do brasileiro em momentos de decisão. O brasileiro aprendeu a nunca se deixar levar pela euforia. Em 1954, a Hungria é que se deixou levar pela euforia, a ponto de deixar que os jogadores levassem as esposas, antes do jogo final, para a concentração. O fato de levarem as esposas não é nada;

o problema é que transformaram a final numa festa. Quando chegou no domingo, deu no que deu: Alemanha 3 x 2 Hungria. A lição foi esta: nunca se deve comemorar uma coisa antes de ganhar.

"Um fato marcante para nós, jogadores, foi o que aconteceu durante o jogo contra a Espanha. O estádio estava lotado. O que aconteceu foi algo que talvez não se repita em lugar algum do mundo. Pelo menos no Maracanã aquilo não se repetirá, porque não vai aparecer uma música tão adequada. Não sei quem começou, se foi nas sociais, mas em pouco tempo o estádio inteiro estava cantando a música 'Touradas de Madri'. O time pegou fogo. Aquilo foi uma felicidade. Tive, então, a grande felicidade de ter participado de um jogo em que, além de ganharmos por 6 x 1, ouvimos o povo todo cantando. Só quem não cantou, ali, no Maracanã, foram os jogadores. Aquele foi o momento mais emocionante da minha vida.

"A concentração do Brasil é que virou um inferno. Assim não dá. A gente não estava cansado por ter acordado cedo no dia do jogo contra o Uruguai. O que a gente sentia era que nossa cabeça não estava dentro do jogo. Não jogamos mal. Mas nossa cabeça não estava coordenada com a partida, com o que poderia acontecer, com o que poderíamos produzir. O problema foi a visitação aos 'campeões do mundo'. Não sei quem inventou de nos tirar de uma concentração para outra. Se tivéssemos ficado no Joá, não perderíamos o jogo.

"Terminei me transformando no único jogador da final de 50 que disputaria a Copa de 54. Fez-se muita injustiça com os jogadores de 50, principalmente com o mestre Zizinho, com Ademir Menezes, com Jair da Rosa Pinto, com Danilo, com muita gente. Todos eles poderiam ter jogado em 1954, porque estavam na plenitude da forma. Só não jogaram por terem perdido a Copa de 50. Devem ter dito: 'Vamos sacar essa gente, como castigo.' Depois da Copa de 54, resolveram chamar Zizinho de novo para a Seleção. O Brasil meteu 4 x 1 na Tchecoslováquia - numa grande partida de Zizinho...

"Só parei de jogar em 1958, com 33 anos de idade.

"Quero dizer o seguinte: sou católico, mas até hoje recrimino aquela missa que foi rezada às sete horas da manhã para os jogadores, no dia da final da Copa do Mundo de 50. Não perdemos por causa daquela missa - celebrada como parte de um dia glorioso em que poderíamos ser campeões do mundo. Mas a inconveniência do horário foi uma das causas."

"PARECIA O PRESID[ENTE] descendo do carro, chegando em casa

Danilo, o Príncipe, nunca sofreu tanto quanto naquele 16 de julho.

- Há milhões de anos tento esquecer. Quando estou conseguindo, vem alguém me perguntar, feito agora.

O Príncipe conta um segredo da concentração da Seleção Brasileira na véspera da finalíssima contra o Uruguai:

ENTE DA REPÚBLICA vaiado. Mas era eu depois da derrota."

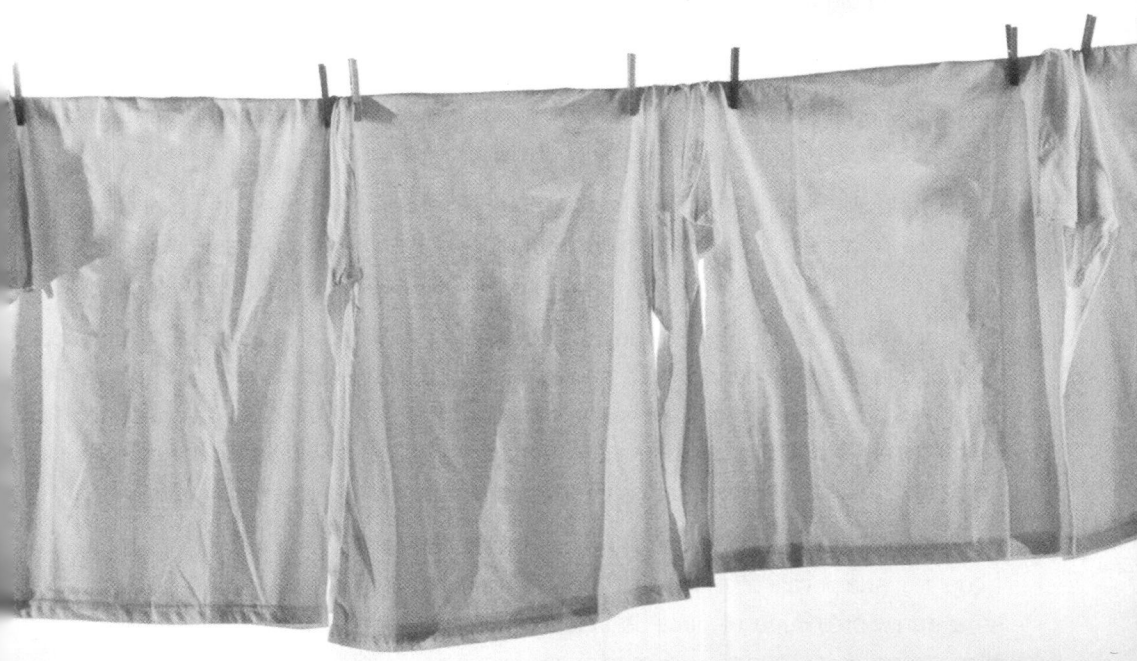

- O treinador Flávio Costa botou a gente pra dormir. Nove e meia, dez horas, todo mundo dormindo. Mas aí estavam jogando um baralhinho dentro do banheiro, escondido. Eu fui lá: "Amanhã não tem jogo decisivo?" Alguém respondeu: "A gente jogou sempre esse negócio aqui. Ganhamos todos os jogos depois. Se a gente deixar de jogar agora, na véspera, vai ser até pior. Mas tem hora para acabar. Ganhamos tudo jogando baralho, por que não jogar agora?"

Danilo dá detalhes da jogatina, a única diversão dos jogadores:

- Quem ia jogar levava cadeiras e bancos para dentro do banheiro. Apostava-se dinheiro, mas pouco. Jogo sem dinheiro não tem graça. Eu jogava, às vezes. Chico jogava. Barbosa também era chegado. Talvez até Flávio Costa soubesse, mas fingia que não sabia. Depois de uma certa hora, todo mundo ia dormir. O jogo de baralho era escondido também por causa da imprensa. Flávio Costa dormia lá embaixo. A gente dormia no primeiro andar. Imagine se ele soubesse...

Quando o verdadeiro jogo acabou - o duelo final contra o Uruguai - Danilo foi o primeiro a cair no choro.

- Eu, já um homem feito, não pude conter as lágrimas. Já antes, quando o Uruguai fez 2 x 1, eu olhava para cima e aquela multidão inteira estava abatida. Porque o carnaval estava pronto. A torcida foi ver o Brasil ser campeão: não foi ver um jogo de futebol. Depois de tudo, quando consegui chegar em casa, foi um problema descer do carro. Quando saltei, parecia que tinha chegado o presidente da República. Vaias. Era eu. Tive que sair do Rio. Fui para Miguel Pereira.

Se pudesse fazer o tempo voltar para aquela tarde de domingo no Maracanã, Danilo, o Príncipe, gritaria dentro do campo para que a Seleção Brasileira ouvisse uma recomendação do técnico:

- Quando estávamos ganhando de 1 x 0, o negócio parecia liquidado. O Uruguai continuava se defendendo, para não ser goleado. E nós atacando, para golear, como nas outras partidas. Ouvi várias vezes as ordens do Flávio Costa para que a gente voltasse um pouco e não se excedesse. Mas não havia ordem que nos segurasse ali. Era a gente jogando e os gols acontecendo. Daquela vez, não aconteceu.

"Como a Copa de 50 marcou a inauguração do Maracanã, a derrota do Brasil ficou gravada para a eternidade. O próprio time do Vasco, base da Seleção Brasileira, derrotou o Peñarol, base da Seleção Uruguaia, em Montevidéu, logo depois. Mas os uruguaios, quando queriam gozar com a gente, diziam: 'A gente não queria ganhar essa aqui em Montevidéu não. Queríamos era ganhar aquela, no Maracanã.'

"Para o Brasil, 1950 é uma tragédia que deve ser citada sempre. O Maracanã teve o maior público da história. O povo esperava a Copa do Mundo, diante dos resultados que vínhamos obtendo: vitórias em cima de vitórias. Dizíamos, perto da final: o Uruguai sempre foi duro. Em jogos entre Uruguai, Brasil e Argentina, qualquer um pode ganhar. Mas, como o Uruguai começou jogando pra se defender, para não levar uma goleada, enfim, a gente podia pensar em tudo, menos na derrota da equipe brasileira.

"Nós levantamos a taça de campeão dos campeões, mas esta não foi uma taça tão valorosa quanto aquela da Copa de 50. O Brasil não perdeu a Copa por conta dos resultados anteriores que obteve. Pelo contrário: vínhamos ganhando de todas as equipes, aplicando goleadas, fazendo gols facilmente. Quando fizemos o primeiro gol contra o Uruguai, pensamos a mesma coisa: em golear. Continuamos partindo pra frente, enquanto o Uruguai se defendia para não ser goleado. A maior tristeza vem daí. O Brasil ganhando de 1 x 0, o adversário se defendendo para não ser goleado - e a gente perde um jogo desses, em dois contra-ataques.

"Naquele momento, tivemos de jogar em desvantagem no placar. Nunca tínhamos jogado perdendo. Então, não soubemos jogar assim. Nós nos perdemos em campo. Daí para a frente, resolvemos deixar de lado a técnica - que era o forte de nossa equipe. Igualamos nosso jogo com o Uruguai. Porque o Uruguai sempre foi uma equipe de força, com alguns jogadores bons tecnicamente. Partimos para a bravura. Nessa luta de igual para igual, perdemos o jogo. Em resumo: depois do segundo gol do Uruguai, deixamos de fazer o que sabíamos: - jogar tecnicamente.

Naquelas partidas anteriores, os gols saíam automaticamente. Depois de fazer 1 x 0, o Brasil deveria ter se resguardado. Com aquele 1 x 0, o povo pedia mais gols, porque já estava acostumado. Nós saímos para fazer uma goleada como as que vínhamos fazendo nas partidas anteriores. Vai se discutir a vida toda, sem que se saiba por que aconteceu aquilo.

"Bigode, por exemplo, não entrou em campo assustado. Jogou a mesma coisa. O gol de Ghiggia foi assim: Bigode foi driblado, num lance normal. Depois de dar o drible, Ghiggia chutou quase da linha de fundo. Fez o gol. O normal seria ele centrar a bola - e não chutar a gol.

"Nosso goleiro talvez tenha engolido a bola porque podia pensar em tudo - menos que Ghiggia iria chutar a gol na posição em que se encontrava.

"A seguir, veio o Campeonato Carioca. Nós - o Vasco - tínhamos dado uns dez jogadores para a Seleção.

"Entrar no Maracanã para disputar as primeiras partidas pelo campeonato depois da derrota na Copa foi uma tragédia, uma tristeza. Com exceção da torcida do Vasco, as outras vaiavam a gente. Todos os nossos adversários nos vaiavam, diziam que a gente tinha vendido o Brasil. A gente entrava em campo para jogar, mas, se pudesse, abandonaria a carreira: 'Não quero mais jogar não.' A única resposta que podíamos dar era conquistar o campeonato estadual. Nós estávamos abatidos pela derrota na Copa, mas, felizmente, conseguimos ser campeões cariocas de 1950. O Vasco perdeu os primeiros jogos que disputou imediatamente depois da Copa, mas depois saiu ganhando tudo.

"Eu não diria que o torcedor foi cruel com a gente. O termo não é esse. A torcida - com certa razão - nos atingiu bastante. Nós aceitamos aquelas queixas, aquela mágoa, aquela tristeza.

"Quando acabou o jogo contra o Uruguai, eu, já um homem feito, não pude conter as lágrimas que me desceram pelos olhos. Cheguei ao vestiário. É difícil dizer o que era o nosso vestiário: a tristeza, a tragédia. Dali, tivemos de voltar para o campo do Vasco, onde estávamos concentrados. E a saída do vestiário para o ônibus? O povo, coitado, também abatido, nos vaiava, não para nos ofender, mas para botar para fora a dor e a tristeza. Quando a gente chegou ao campo do Vasco, enfrentou outra tragédia: o lugar estava cheio de gente, uns vaiando, outros incentivando.

"Resolvi ir para casa. Eu morava na praça João Pessoa, num edifício de esquina, na Lapa. Quando cheguei, tive problema até para saltar do carro. O pessoal todo do edifício ficou em volta de mim. Uns me diziam: 'Não foi nada'. Outros vaiavam. Eu não podia nem chegar na janela: estava todo mundo lá embaixo olhando para minha casa. Parecia até um herói que tinha ganho o jogo. Mas eu perdi, rapaz! Tive de sair do Rio. Fui para Miguel Pereira já na segunda-feira pela manhã, porque aqui eu não poderia nem andar na rua. Era uma tristeza só. Passei uma semana num barraquinho que eu tinha em Miguel Pereira, mas tive de voltar para me apresentar ao clube. O campeonato estava próximo.

"Fiquei pensando no jogo. Quando levamos o segundo gol do Uruguai, pegamos a bola e dissemos, uns aos outros: 'Não é nada; vamos ganhar o jogo'. Eu sentia que os outros diziam que a gente ia ganhar, mas já não acreditavam. O time do Uruguai, então, começou a segurar a gente, a amarrar o meio do campo, a matar jogada. Nesse momento é que nos perdemos, porque começamos a dar o troco. Ficamos iguais aos uruguaios. Se o jogo tivesse continuado, nós estaríamos até hoje jogando sem conseguir fazer o gol.

"O silêncio também teve um peso negativo. Nós tínhamos jogado umas sete, oito partidas. Nunca tínhamos perdido um jogo no Maracanã! Quando o Brasil teve de perder, aconteceu uma tragédia mesmo.

"Quando a gente ainda estava ganhando de 1 x 0, tive uma chance de marcar o segundo. Ademir foi lançado, passou para Zizinho. Eu entrei pelo meio, já próximo da grande área. O chute passou bem perto do gol. O Uruguai continuou se defendendo para não ser goleado. O Brasil seguia atacando para golear, como vínhamos fazendo durante a Copa.

"Depois de uma derrota, aparecem explicações - umas verdadeiras; outras inventadas. Quando o time perde, o povo aceita essas versões. Se o time tivesse vencido, todo mundo acharia bonito. 'Não dormiram direito? Fizeram até bem em não dormir...!' Futebol é resultado.

"Durante a semana toda, nós estivemos com vários políticos, porque era época de eleições. A gente tirava fotos, conversava com eles. Mas nunca vi uma dessas fotos que nós tiramos, nunca vi ninguém fazer propaganda eleitoral com elas. Depois do jogo contra o Uruguai, devem ter rasgado e jogado fora as fotografias. Ninguém iria votar num candidato que dissesse: 'Danilo vai votar em mim ...'

CINCO NOTÍCIAS POLÍTICAS DE 16 DE JULHO DE 1950.

1. "Tendo o Sr. Euvaldo Lodi recusado o convite do Sr. Getúlio Vargas para fazer-lhe companhia na chapa presidencial, o ex-ditador não desistiu ainda da ideia de conquistar para o posto um líder das classes conservadoras."

2. "Candidatos já escolhidos aos governos estaduais. O drama do PSD mineiro: não consegue escolher entre Bias Fortes e Juscelino Kubitschek."

3. "Os comunistas possuem muitos elementos no Distrito Federal, conforme ficou patenteado nas eleições passadas, tendo sido o único partido a ganhar terreno de 1945 a 1947."

4. "Quando o senhor Artur Bernardes fuma charuto é porque se encontra em boa maré. E anteontem, depois da aceitação por unanimidade do nome do Sr. Altino Arantes para compor a chapa do PSD na vice-presidência, o presidente do Partido Republicano não tirou mais o Havana da boca."

5. "Equívoco não apenas dos candidatos mas dos partidos que os sustentam consiste em avaliar os movimentos de opinião de pequenas cidades do interior pela frequência aos comícios que promovem. A verdade é que em tais comícios - constituindo um raro divertimento local - todo mundo, gregos e troianos, não falta à praça da matriz, onde se desenrola a parlapatice." (Artigo de J. E. de Macedo Soares.)

Fonte: *Diário Carioca*

"O assédio dos políticos não nos atrapalhou.

"Quando a gente ia para o Maracanã é que o ônibus enguiçou, mas foi um problema rápido. Disseram que a gente tinha empurrado o ônibus, para insinuar que os jogadores perderam o jogo porque estavam cansados. Não é verdade.

"A troca de concentração trouxe uma diferença de conforto - entre a Barra da Tijuca e São Januário. Mas não existiu problema. A mudança não atrapalhou, até porque, na hora de treinar, a gente tinha o campo de São Januário ali, não precisava se deslocar para outros lugares.

"Obdúlio Varela também não influenciou. Quando disputei o campeonato sul-americano pelo Vasco, Obdúlio Varela fez a mesma coisa, mas quem ganhou foi a gente. A vitória do Uruguai de Obdúlio Varela no Maracanã ficou marcada. Mas ele nunca foi, tecnicamente, um grande jogador - tecnicamente. O que fazia, sempre, dentro de campo era o papel de comandante, obedecido pelos jogadores. Aquela garotada toda se arrebentava. Quando o Uruguai ou o Peñarol perdiam, ninguém nem sabia que

Obdúlio Varela tinha jogado. Mas, como o Uruguai ganhou a final no Maracanã, a imagem que ficou foi a de um comandante - o que ele sempre foi.

"Quando o Uruguai fez 2 x 1, talvez a gente tenha se perdido. O procedimento do time precisa ser mudado. Fica difícil fazer uma transformação em uma fração de segundo. Nós, um time técnico, passamos a brigar, a segurar, a fazer feio também. Era o que os uruguaios queriam.

"Não existe um só culpado, mas vários. Somos nós. Não soubemos jogar quando deveríamos ter sabido. Não quero atingir nosso treinador ou nossos dirigentes, mas talvez tenha faltado uma ordem de fora - que talvez até fosse difícil de aceitar naquele momento em que o Uruguai fez 2 x 1. Talvez uma orientação para restaurar o ânimo. Porque nós nos perdemos.

"Nesse momento, deveríamos ter nos juntado para botar a cabeça no lugar. Passamos a revidar, a segurar os uruguaios, como eles nos seguravam. Não poderíamos ter feito aquilo. Chico me contou que pensou em dar uma entrada em Obdúlio Varela, para tirá-lo de campo.

"Depois que se perde um jogo, aceita-se tudo o que a gente acha que deveria ter sido feito. Não resta dúvida: a tática de Chico poderia ter dado certo também.

"Assim que o Uruguai fez 2 x 1, olhei para cima, a multidão estava toda abatida. Chamei Zizinho, disse a ele: 'A gente ganha esse jogo bem.' Tentei reanimar o time.

"O que eu pensava era na tristeza toda que iria acontecer. Em vez de alegria, nós iríamos levar tristeza para aquele povo. Todos estavam antecipadamente preparados para a festa. O carnaval já estava pronto.

"O comportamento da torcida - o de festejar antecipadamente - foi involuntariamente prejudicial. Mas a torcida fez aquilo sem maldade nenhuma, com a intenção de ajudar o Brasil. Não estou culpando, mas a torcida não foi ver um jogo: foi ver de quanto o Brasil iria ganhar.

"Depois, jogadores que poderiam ter disputado a Copa de 54 não foram chamados. Alguma mágoa deve ter ficado. Flávio Costa tinha me dito que eu iria para a Copa de 54. Quando citaram nossos nomes, jogadores de 50, devem ter dito: 'A imagem desses jogadores é ruim, eles perderam em 50'. Era Ademir, era Augusto.

"Não foi feita justiça à Seleção de 50. Não é que a gente merecesse ser elogiado: quem perde um campeonato mundial não vai ser elogiado, é claro, a não ser com raríssimas exceções. Mas a equipe merecia mais respeito, pelo que apresentou nos jogos anteriores. Poderíamos até ter perdido um jogo antes, mas vencido aquele contra o Uruguai. Mas deixamos para perder justamente aquele que não nos daria a chance de nos recuperarmos. Não poderíamos ter perdido logo o primeiro ou o segundo jogo? Não poderíamos ter perdido para a Suíça e empatado com o Uruguai, numa inversão do que aconteceu? Assim, seríamos campeões.

"A virtude da Seleção de 50 foi nossa preparação. Desde que fomos convocados, nós nos entregamos de corpo e alma, em nome de nossa pátria, o Brasil. Nós nos conduzimos de cabeça erguida. Perdemos para uma Seleção que também já foi campeã do mundo duas vezes.

"Mas não passou pela cabeça de nenhum de nós a possibilidade de perder. Não quero menosprezar o adversário, mas, pela maneira pela qual o Uruguai vinha jogando e pelo que nós vínhamos fazendo, nós sabíamos que eles iam entrar em campo para não levar goleada.

"Obdúlio Varela não deu tapa em Bigode. Deu um empurrão. Não foi propriamente tapa. Mas, como perdemos, disseram que tinha sido um soco. Eu me lembro que Obdúlio Varela falava um bocado com os outros jogadores uruguaios. Obdúlio jogava bola com a boca, não era com os pés. Tinha pouco futebol, mas muito comando.

"Eu estou sonhando até hoje com aquele jogo.

"Há milhões de anos tento esquecer. Eu não precisava dormir para sonhar com Brasil x Uruguai. Acordado, eu já estava sonhando.

"Eu tinha promessas de fazer propaganda de produtos, depois da Copa. Se tivesse feito, estaria ganhando dinheiro até hoje. Uma vez, nós nos reunimos para decidir que os prêmios seriam divididos. Mas não chegamos a um acordo. Ficou assim: ganharia o prêmio quem tivesse a sorte de ganhar. Havia prêmios para quem fizesse o primeiro gol de uma partida, por exemplo. A reunião foi feita durante a Copa, na concentração.

"Tirei de tudo uma lição: não existe jogo ganho. Mas, antes daquele dia, existia. A gente ganhava mesmo. Eu sempre respeitei adversários no futebol, mas nunca com tanta convicção como passei a respeitar daquele jogo em diante. Antes, eu respeitava, mas, no fundo, dizia assim: 'Que nada. O jogo vai ser fácil'. A partir dali, passei a encarar um jogo como um jogo mesmo.

"Imagine só: nosso time vinha goleando todo mundo. De repente, pega um adversário que vinha se arrastando, com um ponto atrás do Brasil. A gente vai para campo preparado para ver o time ganhar de goleada. Perder, nesse caso, é uma tragédia.

"São coisas assim que fazem o mistério, a loucura e a paixão do futebol."

"O que fizeram [foi] covardia, uma inj[ustiça]. tapa do capitã[o...]"

O mundo desabou sobre as costas de Bigode às 4h50 da tarde do dia 16 de julho de 1950, no exato momento em que o juiz inglês George Reader apitou o fim do jogo. Nenhum outro jogador sofreu tanto depois. Bigode pagou dobrado.

Acusado de falha na marcação de Ghiggia, virou personagem de um episódio até hoje polêmico: há quem diga que levou um tapa do capitão da Seleção Uruguaia, o lendário Obdúlio Varela. A maioria dos jogadores

comigo foi uma
ustiça. Não levei
o do Uruguai."

desmente. Um jogador confirma. Bigode pede, pelo amor de Deus, que o assunto seja encerrado. Tímido, não esconde a amargura quando fala sobre a tragédia de julho de 1950.

- Não houve agressão nenhuma de Obdúlio Varela. A injustiça maior foi essa, contra mim. Eu sinto até hoje. É uma covardia o que fizeram. Uns dizem que Obdúlio Varela cuspiu. Outros, que foi um tapa e eu não reagi. É uma calúnia. Não houve reação porque não houve agressão. Obdúlio Varela deu um tapinha em mim pelas costas, para pedir calma. Eu tinha dado uma pancada em Julio Perez, um jogador que tinha uma habilidade desgraçada. Para dizer a verdade, a máquina do Uruguai era Julio Perez, não era Obdúlio Varela. Dei uma entrada violenta. Se minha entrada pegasse no tornozelo, se Julio Perez saísse de campo, a gente ganharia o jogo fácil. Porque o Uruguai se desarticularia totalmente. Nesse momento, quando dei a entrada, Obdúlio Varela veio me dizer: "Muchacho, calma!" Fiquei olhando para o juiz, com medo da expulsão. "Se o Brasil perder com a minha expulsão..."

Bigode pede a palavra. Quer se defender de outra acusação: de que teria sido driblado duas vezes por Ghiggia.

- Não fui driblado. A bola foi lançada. Já não era minha mais. Ainda assim, dei combate ao Ghiggia, e ele, no desespero, chutou de qualquer maneira. Chutou grama, chutou sem ângulo. O gol da vitória do Uruguai foi um acidente. Ghiggia me ganhou na corrida mas chutou apavorado, porque eu já estava atrás.

O incrível é que Bigode não viu a bola entrar. O chute de Ghiggia saiu tão fraco que Bigode, certo de que Barbosa ia pegar a bola, deu as costas ao goleiro.

A lista de perdas e danos provocados pelo domingo maldito só se completaria depois. Bigode perdeu um apartamento.

- Ganhei, mas não levei o prêmio no concurso de jogador mais popular do Rio. O prêmio era um apartamento, oferecido por uma fábrica de refrigerantes. Tentei recuperar o prêmio na Justiça. Mas até o advogado terminou me tomando dinheiro. Disseram que a firma teve prejuízo com a derrota do Brasil. Já não havia entusiasmo pelo refrigerante. Perdi o apartamento em 1950.

"O time perdeu um pouco da autoconfiança ao empatar com a Suíça, por 2 x 2, num jogo sem valor. Já a derrota para o Uruguai, na final, foi um acidente. Não adianta nada tentar vingar hoje. Não fiquei com complexo da vingança. Aliás, depois da Copa de 50, tive poucas emoções. Porque em todas as Copas do Mundo continuam me criticando do mesmo jeito. É televisão, é rádio: querem desmoralizar um pouco a nós, jogadores de 50. Todo mundo só se lembra de falar do jogo contra o Uruguai. Não falam do resto do campeonato.

"O Uruguai se armou na defesa, o que deixou pouco espaço para jogadores como Ademir e Zizinho. O lance de Ghiggia não oferecia perigo nenhum de gol. O que aconteceu ali foi uma total infelicidade minha - e de Barbosa. Disseram que eu fui driblado. Não fui. A bola foi lançada para Ghiggia. Já não era minha. Teria de ter vindo outro jogador brasileiro por trás, mas não foi o que aconteceu. Eu ainda dei combate a Ghiggia - que, no desespero, chutou de qualquer maneira, sem ângulo. Chegou a chutar grama. A bola se desviou. Barbosa já tinha se posicionado para cortar o que seria um passe de Ghiggia para outro jogador do Uruguai. Mas a bola tomou um caminho errado - uma infelicidade total.

"Depois, Ademir tentou, Zizinho tentou - a bola batia na baliza, batia no goleiro, mas não entrava de jeito nenhum. Eu senti a derrota principalmente como jogador, porque tive muito prejuízo na profissão. As portas se fecharam para mim. Depois de 50, não consegui quase nada mais. Quando o juiz apitou o final do jogo, veio a tristeza.

"Quando faltavam poucos minutos, eu tive a esperança de que Ademir, o Pelé da época, fizesse um gol. Mas, naquele dia, nem Ademir, artilheiro, conseguiu. Houve um lance bem perto do final da partida. O sol atrapalhou a visão do goleiro Máspoli - que tinha saído do gol para tentar pegar uma bola. Debaixo da baliza, Ademir cabeceou, certo de que ia fazer o gol, mas a bola subiu.

"O descanso dos jogadores foi perturbado pela troca da concentração. Antes, nós estávamos num lugar bom, o Joá. Os repórteres tinham de ir de carro para lá.

"Nem linha de ônibus existia na área. A política também atrapalhou. Nós deixamos um lugar fresco, uma espécie de montanha, onde estávamos, para ir enfrentar as fábricas que existiam em torno do campo do Vasco. E os mosquitos?

"Ninguém dormia em paz. Além do incômodo dos mosquitos, a gente ouvia o apito das fábricas, às cinco horas da manhã. Tínhamos de levantar. A gente tentava dormir, mas o calor era grande também. Era calor demais e mosquito. Fez calor naquele mês de julho. A gente, então, demorava a dormir, mas às cinco da manhã as fábricas apitavam, até aos domingos.

"Além de tudo, gente que começava a chegar às dez da manhã só saía à noite. Os políticos iam para a concentração porque queriam aproveitar o prestígio dos jogadores. Se tivessem deixado a gente na outra concentração, poderia ter sido melhor. Descansaríamos sem muita fofoca.

"A exploração política perturbou os jogadores. Era fotografia a toda hora. Chamavam a gente na hora do descanso. Paramos de almoçar para tirar fotografia com político. Sempre foi assim: os políticos querendo chegar ao público através do jogador.

"Sábado, véspera do jogo, nós nos levantamos às cinco da manhã, para ir à Igreja dos Capuchinhos. Assistimos à missa das seis. Os uruguaios devem ter ido a duas igrejas. O culpado pela derrota do Brasil foi o destino. Não acho que tenha sido o técnico. Naquela época, não havia substituição. Não era como hoje; o técnico não podia chegar à beira do gramado. O juiz da final, um inglês, era muito severo. O que o técnico poderia fazer era gritar, mas a gente não escutava. Flávio Costa tentou me dizer alguma coisa durante o jogo, mas não consegui ouvir.

"Repito: o gol da vitória do Uruguai foi um acidente - que poderia acontecer a qualquer hora. O entusiasmo da torcida era bom, mas significava responsabilidade demais para os jogadores. Os jornais já anunciavam o Brasil como campeão. Então, o responsável por aquele clima já não era o público.

"Quando eu lia nos jornais, achava horrível. Mas quem era eu para brigar com a imprensa? Disseram que o cônsul do Uruguai levou para a concentração dos uruguaios um jornal que apresentava o Brasil como campeão da Copa. Nós, jogadores, recebemos um permanente do Cinema Trianon, no Centro do Rio, endereçado aos 'campeões do mundo'. Rasguei o permanente depois da derrota.

"Eu entrei em campo pensando que o jogo contra o Uruguai seria uma parada dura, porque os uruguaios, com uma ou outra exceção, eram, todos, jogadores experientes.

"Em todo caso, ninguém entre nós, jogadores, pensava nem no empate. O gol do Brasil saiu rápido. A euforia veio cedo demais, no começo do segundo tempo.

"O único pedido especial que o nosso técnico fez foi que a gente não revidasse uma entrada, uma agressão. Depois, disseram que ele tinha pedido para a gente não jogar duro. Ora, técnico nenhum vai fazer um pedido desses a um jogador. Flávio Costa falou em tese, para toda a equipe, não para um ou outro jogador em particular.

"A orientação que o técnico nos deu não teve influência sobre os jogadores, em absoluto. Porque é quase uma obrigação do técnico pedir que os jogadores não revidem agressões do adversário. Culparam o técnico porque ele teria pedido ao time para não jogar duro, o que não é verdade.

"Eu, por exemplo, jogava duro. A jogada do gol da vitória do Uruguai foi um lance isolado. A bola foi lançada por cima para Ghiggia. Nós, brasileiros, fizemos ali a chamada 'linha burra'. Os outros zagueiros, em vez de estarem recuados para evitar o avanço do Uruguai, estavam na mesma linha que eu. O que aconteceu, então?

Eu teria de alcançar Ghiggia, mas não deu tempo. Quando me virei para acompanhá-lo, ele já estava uns dois metros na frente. Ainda assim, quase que eu o alcanço. Antes de eu chegar próximo, Ghiggia se desfez da bola. É lógico que ele ganhou de mim na corrida e foi avançando, até chutar, apavorado, a gol. Olhei para o lado, Juvenal estava na mesma linha que eu. Virei as costas para receber logo a bola de volta de Barbosa, porque não esperava que ela fosse entrar depois do chute de Ghiggia. Só olhei de novo para Barbosa quando notei o público mudo. Nesse momento, levei a mão à cabeça. Nem cheguei a ver a bola entrar. O chute de Ghiggia foi tão fraco que quase a bola nem tocou na rede - um negócio impressionante. Ghiggia chutou mais grama do que bola. Se chutasse só a bola, não teria feito o gol.

"Não houve, na saída, discussão minha com Juvenal. Mas ele dirigiu para mim a vaia que o público deu. Disse, ainda dentro do campo, que aquela vaia era para mim. Eu lamentei muito. O vestiário estava assim: gente chorando; torcedores loucos para quebrar aquilo, nos agredir através das janelas. Ficamos no Maracanã até umas nove da noite, porque ainda tínhamos de ir até a concentração, em São Januário, para buscar a bagagem, antes de voltar para casa.

"A essa hora, os cartolas somem. Nem me lembro do que me disseram. Um dia depois, um amigo meu passou na minha casa, em Laranjeiras, porque pensou que eu deveria estar arrasado. Resolvemos sair. Passamos por um restaurante na Cinelândia, para jantar. Uma madame, sentada ao lado, gente de São Paulo, disse: 'Eu nunca tinha entrado num campo de futebol. Fui pela primeira vez. O culpado pela derrota foi Bigode!' A madame não tinha me visto, nem me conhecia. Mas aquilo me tirou o apetite.

"Antes, durante a Copa, tinha havido um bafafá porque os prêmios oferecidos por empresas geralmente iam para os artilheiros. Mas houve uma mesa-redonda onde se discutiu uma saída: o que se ganhasse ia ser vendido, para que se pudesse repartir com todos. Porque os zagueiros não tinham direito a prêmio nenhum... Eu, pessoalmente, não tive desentendimento com ninguém sobre a divisão de prêmios. Mas às vezes havia com os outros.

"Nenhuma promessa de prêmio tinha sido feita pelos dirigentes em caso de conquista da Copa do Mundo. Jogador de futebol não estava com essa bola cheia não. Ao contrário do que acontece agora, nós não discutíamos preço antes de entrar em campo. Vou dizer uma coisa: para o jogador, é ótimo. Porque esta é uma profissão ingrata. Os jogadores eram um pouco inocentes. Hoje estão todos com advogado do lado. O único que tinha procurador era o Ademir.

"Chico, por exemplo, chegou a ganhar um terreno, pelo gol que fez contra a Espanha. O refrigerante Guará fez um concurso: ganhava o título o jogador que fosse escolhido pela torcida através de chapinhas. Eu - que estava no Flamengo tinha prestígio no Fluminense também. Então, superei Zizinho e Ademir, os cobrões. Mas não levei o prêmio: um apartamento. O caso foi para a Justiça, mas tive outro prejuízo: o advogado me tomou dinheiro. Os advogados disseram que a promoção tinha dado prejuízo, porque, como o Brasil perdeu a Copa, o povo perdeu o entusiasmo pelo refresco. Inventaram até que a firma faliu.

"Nossa distração na concentração era pegar baralho e jogar biriba. Tinha gente viciada nesse tipo de jogo.

"Hoje, se uma equipe se desespera depois de uma derrota, existe até psicólogo. O que é que aconteceu com o Uruguai? Nem preparados para vencer eles estavam. Não seria nenhuma vergonha se o Uruguai perdesse para o Brasil por 3 x 0, porque a Espanha tinha perdido por 6... Criou-se uma lenda sobre a atuação do capitão do Uruguai. O problema é que a gente brigou pela vitória, mas o outro é que fez gol. Obdúlio Varela fazia como presepada aquele negócio de mostrar a camisa do Uruguai. Não teve influência sobre os jogadores brasileiros. Deu certo para ele.

"Disseram que eu pus o galho dentro, mas não houve agressão nenhuma do Obdúlio Varela a mim. Não houve agressão nenhuma! A pior injustiça que sofri foi essa. Isso eu sinto. O que fizeram foi uma covardia. Repito: o que Obdúlio fez foi me dar um tapinha nas costas, para me pedir calma, depois de eu ter dado uma pancada em Julio Perez.

"Dei, sim, uma entrada violenta em Julio Perez, porque, se eu o atingisse no tornozelo e se ele saísse de campo, a gente ganharia o jogo fácil. Iria desarticular totalmente o Uruguai. Naquele tempo, o técnico não podia substituir jogador machucado. Fiquei com medo da expulsão. Já pensou se o Brasil perde comigo expulso? Mas terminaram me culpando porque não reagi a uma agressão que não houve. Depois do jogo é que armaram essa história. O que Obdúlio Varela disse foi apenas: 'Calma!' Mas veja a incoerência dos jornalistas da época: indiretamente, condenaram os meus colegas. Ora, se os meus colegas não reagiram é porque não houve agressão alguma. Não houve nem agressão nem reação. Mas uns disseram que Obdúlio cuspiu na minha cara; outros, que levei um tapa mas não reagi.

"Quem sofreu mais fui eu, com essa calúnia.

"Também não levei dois dribles no lance do gol da vitória do Uruguai. É mentira! A bola veio de trás. Ghiggia ganhou de mim na corrida.

"Eu marquei Ghiggia o máximo que pude, mas não pensei em tirá-lo de campo. Pensei em tirar Julio Perez, porque ele era o mestre, fazia todas as jogadas no meio de campo. Eu meio perdido entre os dois - Julio Perez com a habilidade; Ghiggia com a velocidade.

"Julio Perez era uma dama. Ghiggia também.

"Depois do segundo gol do Uruguai, nós, na defesa do Brasil, falamos assim: 'Agora é tudo ou nada.' O negócio era procurar o empate novamente.

"Augusto e Zizinho chamavam a gente pra frente.

"Depois de tudo o que disseram, se eu não fosse um sujeito forte estaria na sarjeta. O que mais me doeu foram as mentiras. Mas me doeu - principalmente - o fato de terem me chamado de covarde. Dois dias depois, eu estava comendo um sanduíche e tomando um guaraná num bar em Laranjeiras, antes de ir para casa dormir, quando um cidadão me diz: 'Você é covarde! Apanhou na cara!' Eu me levantei: 'Quer me fazer um favor? Não quero que o senhor me bata, não. Quero que o senhor encoste só o dedo no meu rosto! Porque vou massacrar você aqui!'

"Passei anos enfrentando não apenas o Maracanã, mas outros campos de futebol. Voltei ao Maracanã já no domingo seguinte à final da Copa, para jogar pelo Flamengo contra o Bangu. Perdemos por 6 x 0! Zizinho - que tinha sido vendido ao Bangu - estava estreando. Não tinha ninguém no Maracanã. Se o Brasil tivesse sido campeão, uma estreia de Zizinho contra o Flamengo teria enchido o estádio. Mas só tinha meia dúzia de gatos pingados na torcida.

"Eu não deveria nem ter entrado no Maracanã no domingo seguinte à nossa derrota para o Uruguai. Como profissional, fui. Mas não deveria nem ter entrado.

"Não fui a lugar nenhum depois da derrota na Copa. Terminei enfrentando as feras aqui mesmo.

"Ainda fui chamado pela Seleção. Mas o único nome que foi combatido entre os convocados foi o meu. Não combateram Zizinho, não combateram Ademir. Mas contra o meu nome a imprensa protestava. Desafiei dois jornalistas que anarquizavam comigo. Eu disse: 'Esperem porque vou arrumar um dinheirinho para dar a vocês; só assim vocês calam a boca um pouquinho ...'

"Não sei qual é a teoria de jornalistas assim. Porque eles viram a verdade e disseram a mentira. Eu devo ter dado prejuízo à imprensa. Com raiva, eles devem ter dito: 'Vamos acabar com ele ...' Em outras Copas, culparam quanta gente?

"Se Ghiggia tivesse me driblado duas ou três vezes antes de fazer o gol, ainda assim eu não me sentiria culpado. Eu só seria culpado se tivesse pegado a bola com a mão e jogado lá dentro do gol. Ou se desse um chute para dentro do gol do Brasil.

"Quando a gente viu o estádio com 200 mil pessoas, teve um choque, mas aquilo trouxe alegria. Jogador fica triste é quando vê campo vazio. A gente quer o estádio cheio, para nos empolgar. Aquilo que a gente viu no Maracanã foi empolgação.

"A gente lamenta porque o público ficou triste de verdade. Deve ter morrido gente de enfarte. Se o Brasil tivesse sido campeão, morreria muito mais gente. O povo é exagerado. O Maracanã ia vir abaixo. Iam quebrar tudo nos bailes. Os escoceses põem fogo em automóvel. O futebol é um fenômeno que ninguém explica. Futebol incomoda mais do que problema de família...

CINCO NOTÍCIAS DE CULTURA EM 16 DE JULHO DE 1950:

1. "Vinícius de Moraes deverá voltar para o Rio antes do fim do ano. O poeta anuncia um livro de poemas inéditos (Roteiro lírico e sentimental do Rio de Janeiro), um volume de seleção de seus poemas e uma peça de teatro."

2. "Dantas Mota entregou à Editora Martins os originais da biografia de Mário de Andrade - que ele vinha escrevendo desde a morte do grande escritor. O volume terá mais de 400 páginas."

3. "Ezra Pound - sobre quem pesou um processo de alta traição - declarou a um jornalista: 'Eu me considero um bom americano, na pior acepção da palavra.'"

4. "Conta Frank Budgen um episódio que ilustra a meticulosidade de James Joyce ao escrever: 'Perguntei-lhe por Ulysses. A obra estava indo?'

- Trabalhei o dia todo - disse Joyce.

- Isso quer dizer que você escreveu muito? - perguntei-lhe.

- Duas frases - respondeu Joyce. - As palavras estão à minha disposição. O que procuro é a ordem perfeita das palavras na frase."

5. "Penso que exatamente entre povos sem longo passado, como o nosso, torna-se frequentemente tirânica a ambição de forjar um passado artificial." (Sérgio Buarque de Holanda, no artigo "Ofício de historiador".)

Fonte: *Diário Carioca*

"Quando o jogo acabou, eu ainda falei com Ghiggia e com Obdúlio Varela. Não me lembro do que eles me disseram. Não se entende nada do que Obdúlio Varela fala. Parece que ele fala chinês - rápido pra burro. Os dois não vieram a mim; eu é que fui a eles. Dei os parabéns. Tinha gente que queria que eu desse um soco no rosto dos uruguaios. Mas a torcida ainda bateu palmas para o Uruguai.

"Naquela noite, não consegui dormir de jeito nenhum. Pior é que eu nem bebia nem fumava.

"Tentaram me jogar na sarjeta. Não deixei.

"Eu e Barbosa fomos os mais atingidos. O resto não foi muito atingido não. Flávio Costa falou em Juvenal outro dia. Tinha que ter falado tempos antes.

"Os jornalistas venderam a mercadoria errada - e com calúnia - quando falaram de mim. Diziam que eu, machão, apanhei na cara em pleno Maracanã... De uma vez por todas: Obdúlio Varela deu um tapinha aqui no meu pescoço para pedir calma. Eu estava olhando para o juiz, para ver se ele ia me expulsar depois da entrada que eu tinha dado no uruguaio.

"As histórias que circularam prejudicaram - e muito - a minha carreira. Eu poderia ter jogado mais. Fiquei desanimado, sem prestígio para reformar contrato. Era difícil. Quando veio a Copa de 54, eu já estava arrasado. Nem Zizinho nem Ademir foram.

"Eu estive com Obdúlio Varela 35 anos depois da Copa. O homem toma uma cana violenta. Eu estive com ele durante um almoço, na casa de Zizinho. Se realmente tivesse acontecido algo no Maracanã, eu teria coragem de me encontrar com ele? Jamais!

"O trauma de 1950, pelo menos para mim, não foi totalmente superado. Ainda escuto na rua sobre o que aconteceu. Quando sou apresentado a alguém na rua, dizem: 'É Bigode, um dos que perderam a Copa do Mundo de 1950...'

Ninguém diz que fomos campeões sul-americanos pouco antes da Copa. Ninguém diz que fui campeão pelo Fluminense, bicampeão pelo Atlético, campeão brasileiro de Seleções. Já esqueceram tudo. Só vêem a Copa de 50.

Uma vez, na televisão, vi um telespectador perguntando a Flávio Costa, por telefone: 'Por que é que o senhor não botou Nílton Santos no lugar de Bigode?' Ora, o torcedor nem sabia que Nílton Santos não era da minha posição. Além de tudo, não existia substituição naquele tempo. Nílton Santos ficou na reserva de Bauer.

"Desliguei a televisão. Fui para a rua."

O TRAUMA FOI B
dei por mim, e
de uma

Albino Friaça Cardoso tinha 25 anos, oito meses e 26 dias quando realizou o sonho máximo de todos os jogadores brasileiros de todas as épocas: fazer um gol numa final de Copa do Mundo dentro do Maracanã superlotado. O gol sai logo no primeiro minuto do segundo tempo. O Maracanã enlouquece. Friaça também.

— A emoção foi tão grande que só me lembro de uma pessoa que veio me abraçar: César de Alencar, o locutor. Quando a bola estava lá dentro,

NORME. Quando estava embaixo jaqueira

ele gritou: "Friaça, você fez o gol!" Naquela confusão, ele entrou em campo e me abraçou. Nós dois caímos dentro da grande área.

Louco de alegria, Friaça só se lembra com clareza do rosto de César de Alencar.

- Passei uns trinta minutos fora de mim. Eu não acreditava que tinha feito o gol. Eu tinha potencial, mas estava ao lado de craques como Zizinho, Ademir e Jair. E logo eu é que fiz o gol.

"Se o Brasil precisava apenas de um empate, então o jogo estava liquidado: a Seleção ia ser campeã do mundo admite Friaça.

Friaça só não poderia imaginar que outras cenas inacreditáveis iriam acontecer ali - além da queda com César de Alencar dentro da grande área, numa explosão de alegria. Consumada a tragédia brasileira, diante da maior plateia até hoje reunida para um jogo de futebol, a dor da derrota desnorteou o autor do gol do Brasil.

- O trauma foi enorme. Vim para o Vasco. Fiquei, em companhia de outros jogadores, andando de noite em volta do campo, ali na pista. O assunto era um só: como é que a gente foi perder com um gol daqueles?

Depois das voltas inúteis em torno do campo do Vasco, na noite de domingo, Friaça pirou.

- Só me lembro de que a gente subiu para o dormitório. Eram umas 11 da noite. Troquei de roupa e me deitei. Não me lembro de nada do que aconteceu depois. Quando dei por mim, por incrível que pareça, eu estava em Teresópolis, no meu carro. Passei pela barreira, fui para um hotel. Quando me perguntaram: "Friaça, o que é que você quer?", eu simplesmente não sabia onde estava. Só sabia que estava debaixo de uma jaqueira, no terreno do hotel. Não sei como é que saí com meu carro da concentração. Não sei como é que fui bater em Teresópolis. Um médico que era prefeito de Teresópolis é que me deu uma injeção. Comecei a saber onde é que estava uns dois dias depois. A minha família, em Porciúncula, estava atrás de mim, sem saber onde é que eu estava. O pior é que eu também não sabia. De 64 quilos eu passei para 59.

Quem tivesse a sorte de fazer gol pelo Brasil ganharia um terreno - era um dos prêmios aos futuros campeões do mundo. O artilheiro da finalíssima contra o Uruguai mereceria um prêmio extra - uma televisão, na época, um luxo para privilegiados. Quando finalmente descobriu em que país estava, depois do trauma da vitória do Uruguai, Friaça tentou receber o terreno e a televisão.

- A resposta que me deram foi: só se o Brasil tivesse vencido o jogo...

"Eu tinha confiança: a gente ganharia do Uruguai com facilidade. Cheguei a imaginar um placar de 2 ou 3 x 0 para o Brasil, pelo time que nós tínhamos e pelo time que o Uruguai tinha. A gente pode dizer que o Uruguai tinha um grande time, mas o Brasil era uma potência, uma força. O Brasil não pensava nem no empate. A gente não daria essa chance ao Uruguai. A verdade é que nós, os jogadores, estávamos tranquilos. A gente sabia que, se o time jogasse o que vinha jogando, dificilmente perderia. Se o tempo pudesse voltar, se o Brasil pudesse jogar dez vezes contra o Uruguai, ganharia nove. A Seleção de 50 foi uma das maiores que o Brasil já teve.

"A maior vingança que experimentei em minha carreira esportiva aconteceu um ano depois de nossa derrota na final da Copa de 50. O Vasco da Gama foi ao Uruguai jogar contra o Peñarol. Ganhamos do Peñarol - que tinha 11 jogadores da Seleção - dentro do Estádio Centenário. Repetimos a dose em outro jogo, aqui no Brasil.

"Em 1950, nós estávamos engatinhando. Não estávamos preparados para ter um impacto tão grande quanto o que sofremos. O nosso time tinha um potencial muito maior do que o do Uruguai. O gol de empate do Uruguai, marcado por Schiaffino, teve um impacto grande sobre nosso time. Porque, até então, o jogo mais duro que tivemos tinha sido contra a Iugoslávia. Vencemos por 2 x 1, um jogo duro.

"Diante dos outros, o Brasil jogava quase que a toque de música, como, depois, a Seleção de 70. Era um time homogêneo. Quando o Uruguai fez o gol de empate, sentimos um impacto. Há quem fale em Bigode. Mas fomos todos nós.

"Não houve falha na armação tática do time. Ainda ouço até hoje que Obdúlio Varela deu um tapa em Bigode. Não deu. Eu estava lá! Pude sentir todo o problema. Bigode - é verdade - tinha dado uma entrada violenta. Aliás, violenta, não: uma entrada dura. Houve o impacto do juiz. Nesse momento, Obdúlio entrou em cena para separar.

"Mas não houve nada.

"O que aconteceu, no gol, adiante, é que Bigode foi batido numa jogada, porque Ghiggia era um jogador de alta velocidade. Se Bigode foi batido pela alta velocidade de Ghiggia, então teria de contar com a cobertura de outro jogador. Não posso ficar falando. Não é o caso de a gente crucificar A, B ou C. Mas não houve cobertura. Como não houve cobertura, veio aquele impacto. Schiaffino, no lance do primeiro gol do Uruguai, foi muito feliz, como Ghiggia. Basta ver que o próprio Ghiggia diz que pegou a bola mal no pé. Fez o gol no contrapé de Barbosa, o nosso goleiro. Pegou a bola quase que com o bico da chuteira. Resultado: a bola entrou entre a trave e a perna esquerda de Barbosa.

"O que eu acho é que não houve uma cobertura certa no lance, já que se sabia que Ghiggia era um jogador de grande velocidade.

"Tinha pouco domínio de bola, mas era veloz.

"Não acredito em falha técnica do treinador.

"Porque, desde o primeiro jogo, entramos da mesma maneira. Mas aconteceu o lance: Ghiggia recebia a bola e partia para cima de Bigode. Como era de alta velocidade, Ghiggia dava um chute lá pra frente e partia. Então, a cobertura era essencial.

"Não estou crucificando ninguém. Mas estou dizendo o que faria: punha um jogador fazendo a cobertura.

"Gravei bem o lance do meu gol contra o Uruguai, porque este é o tipo de coisa que a gente guarda. Eu tinha potência na perna direita, graças a Deus. Quando vi, Máspoli, o goleiro do Uruguai, tinha saído. Bati forte na entrada da área - do lado direito para o lado esquerdo. A bola entrou. O lance tinha nascido de uma combinação minha com Bauer. Assim: Bauer tocou para mim, eu toquei para o Zizinho que tocou, na frente, para mim. Antes de entrar na área, bati na bola. Tive a felicidade de marcar!

CINCO NOTÍCIAS INTERNACIONAIS DE 16 DE JULHO DE 1950:

1. "A legação da Albânia em Belgrado protestou contra várias violações do território albanês por parte do governo iugoslavo."

2. "O jornal Estrela Vermelha *- de Moscou - acusa a Suécia de estar realizando manobras militares dirigidas para o leste. Acrescenta que os preparativos militares suecos não foram ordenados pelos imperialistas norte-americanos."*

3. "Equador - Nove dirigentes revolucionários e uma vintena de policiais e civis foram detidos, ao ser sufocado esta manhã, pelas tropas do governo, sem derramamento de sangue, um movimento subversivo."

4. "A polícia, armada de cassetetes, chocou-se com grevistas que reagiram a pedradas, enquanto os socialistas belgas aceleram sua campanha de greves de protesto, destinada a impedir a volta ao trono do exilado rei Leopoldo III."

5. "Vacila a Inglaterra em enviar tropas para a luta na Coréia. As forças britânicas teriam de ser deslocadas de Hong Kong. Os comunistas chineses aproveitariam o pretexto para atacar a colônia."

Fonte: *Diário Carioca*

"Eu só tinha um pensamento: 'Fiz o gol!' A única coisa que eu vi foi César de Alencar me abraçando. Caímos dentro da área. Passei uns trinta minutos fora de mim.

Eu não acreditava: nós tínhamos craques como Zizinho, Ademir e Jair. Mas eu é que tinha feito o gol! Em toda a vida, eu sempre fui muito frio, nunca tive medo de ninguém: eu era igual a todos. É uma das vantagens que eu tinha - e tenho até hoje.

"Quanto à recomendação que o nosso técnico fez antes do jogo, é bom que se diga o seguinte: Flávio Costa não admitia covardia, mas aceitava entradas firmes e duras, desde que fossem leais. Há uma diferença entre as duas coisas. Deslealdade é uma coisa, jogada dura é outra.

"Se alguém pensou em tirar de campo um jogador como Obdúlio Varela, foi bobagem. Porque Obdúlio era um jogador vivo e manhoso: não ia cair numa dessas. Eu mesmo já passei por uma situação dessas. Gostava de jogo duro. Não cheguei a jogar quatro vezes no Vasco na mesma posição: ora era *center-foward*, ora ponta-esquerda, ora ponta-direita, *center-foward*, ponta-esquerda, ponta-direita, e gostava. Depois da Copa, joguei contra o Uruguai, como *center-foward*. Matias Gonzalez me disse: 'Vou te botar pra fora da área!' Eu disse: 'Você me conhece! Sou do estado do Rio! Já joguei quatro vezes contra você. Vamos brigar até o fim do jogo. Você sabe que eu não corro do pau!'

"Antes do jogo, aquele assédio atrapalhou o descanso dos jogadores. Como era ano de eleição, teve jogador que foi levado para passear. A Seleção, então, não teve sossego, tranquilidade. É por essas razões que eu digo que a Seleção estava engatinhando, em 1950, porque não tinha uma vivência. Um exemplo: passamos 45 dias em Araxá, sem comunicação alguma com nossas famílias. Depois que Paulo Machado de Carvalho e o falecido Geraldo José de Almeida foram para lá é que começamos a ter contato. Acontecia o seguinte: nossas famílias não recebiam as cartas que a gente escrevia.

"Não culpo Flávio Costa de jeito nenhum, porque ele era sozinho. Era Flávio Costa e Vicente Feola para tomar conta de 25 jogadores. Depois, ficaram 22. Hoje, existe uma comissão técnica. Mas quem fazia treinamento era Flávio Costa - tudo ele. A equipe era o roupeiro, dois massagistas, dois médicos e Vicente Feola, para ajudar.

"Eu me lembro de lances que poderiam ter mudado a história do jogo. Eu era um jogador que tinha noção dos passes, principalmente os de perna direita. Houve um lance em que fiz um passe certeiro, para Ademir entrar de cabeça. Eu, naquele estado de nervos, tinha certeza de que Ademir, com a facilidade que tinha para jogar, faria o gol. Mas Ademir praticamente devolveu a bola para mim. A bola voltou na mesma direção! Por aí, dá para ver o estado em que os jogadores do Brasil se encontravam, naquele momento, a dez, quinze minutos do fim da partida. Naquela altura, era tudo na base do 'valha-me Deus', porque ninguém entendia nada.

"A gente tinha saído da concentração para o Maracanã às 11h45. Chegamos ao estádio em torno de uma hora da tarde. Quando chegamos ao vestiário, encontramos colchão para todo mundo se deitar no chão.

"Antes, quando a Seleção estava concentrada no Joá, antes da mudança para São Januário, várias vezes tivemos de empurrar, em dia de treino, uma camionete enguiçada da Polícia Militar, uma daquelas que tinham a madeira pintada de amarelo e a lataria pintada de azul.

"Durante a Copa, jogadores receberam camisa, corte de temo, relógios e lustres. Da sexta para o sábado e do sábado para o domingo, dentro do bar do Vasco da Gama, na concentração em São Januário, eu assinei autógrafos como 'campeão do mundo'. Assinei!

"Tinha até comerciante envolvido. Hoje, jogador de futebol não faz um negócio desses se não receber uma importância. Mas eu assinei bolas, faixas, fotos, todo tipo de coisa. Já nem sei onde assinei... Quem fizesse o primeiro gol receberia um terreno, perto do Leblon. Quem fizesse o primeiro gol do Brasil contra o Uruguai iria ganhar uma televisão, uma novidade, na época. Fiz o gol. Nunca vi esse prêmio. Não ganhei terreno. Corri atrás, mas não adiantou nada. Quem ia dar os prêmios disse que não podia, porque o Brasil tinha perdido a Copa. A televisão ia ser prêmio de uma loja chamada A Exposição. Meu cunhado foi à loja, para saber do prêmio. Disseram: 'Ah, não! Só se o Brasil tivesse ganhado o jogo...'

"Logo em seguida, comprei uma televisão.

"Durante a Copa, houve uma reunião entre os jogadores, para discutir a divisão de prêmios que eram oferecidos à Seleção. Decidiu-se que ia se fazer um leilão dos objetos. Pelo seguinte: havia no grupo jogadores que não tinham condições fisicas ou técnicas de jogar. Como não jogavam, corriam o risco de não receber prêmios.

"Então, combinou-se com nossa 'diretoria', formada por Augusto, Nílton Santos, Castilho e Noronha, o seguinte: tudo o que cada um recebesse seria leiloado. Houve, então, uma pequena desavença sobre como é que se ia dividir um lustre de cristal, oferecido por uma loja. Flávio Costa entrou na discussão para acalmar o pessoal.

"Mas o pior, para mim, veio quando o jogo acabou. Vim para o Vasco. Ficamos eu, Bauer, Rui e o Noronha andando em volta do campo, na pista do Vasco: foi o momento mais duro que tive em minha vida. Dali, subimos para o dormitório.

"O assunto era um só: como é que nós fomos perder com um gol daqueles? Ficou aquela 'conversa de bêbado', sem fim nem começo.

"Só sei que subi para o dormitório às 11 horas. Não me lembro de mais nada, não sei de mais nada. Quando eu dei por mim, estava em Teresópolis! Tomei injeção, passei uns dois dias apagado. Honestamente, não sei o que eu tomei, mas fiquei apagado. Depois é que me refiz e comecei a saber onde é que eu estava e o que é que tinha feito. A minha família estava me procurando no Rio e em São Paulo, porque não sabia onde é que eu estava. Mas eu mesmo também não sabia! Depois de chegar finalmente a Porciúncula, terra da minha família, eu me comuniquei com o Rio e com São Paulo. Eu tinha 64 quilos. Passei para 59.

"Devo ter ido para Teresópolis porque sempre que tinha uma folga gostava de ficar quieto lá. Nunca gostei de confusão. Eu queria era tranquilidade.

"O que vi no vestiário do Brasil, assim que acabou o jogo, foi só choro. Não se via outra coisa, a não ser gente se abraçando, chorando, lamentando. Os mais frios sofrem mais. Quem desabafa sente um alívio, quem não desabafa fica sofrendo. Nosso vestiário - desculpe a expressão - virou um cemitério. Era só gente se lastimando, como num velório.

"Quando acabou tudo, eu pedia muito a Deus que eu jogasse outra vez contra o Uruguai. Terminei jogando, e ganhando, pelo Vasco: 3 x 1 em Montevidéu, 2 x 0 aqui.

"Não adiantava querer sonhar. Eu queria ir à forra. O Vasco chegou debaixo de cavalaria, mas ganhou.

"Jogadores da Seleção Brasileira de 50 - que tinham condições de crescer na carreira - só regrediram depois da Copa. Antes, éramos deuses.

"Nós, os jogadores, sofremos em todos os cantos, porque, para onde a gente ia, ouvia só duas palavras: Obdúlio, Uruguai."

"MEU SONHO ERA A
iria jogar contra o U
aconteceu era men

Um dos maiores craques da Seleção Brasileira de 1950 manteve, pelas décadas seguintes, um contato frequente com o capitão do Uruguai, o temível Obdúlio Varela - por telepatia.

O personagem dessa incrível história - contada em tom de sussurro por outros jogadores do Brasil - é o ex-supercraque Zizinho, uma das estrelas máximas da Seleção de 1950:

SSIM: a gente ainda
uguai. Aquilo que
ra."

 - Ademir uma vez esteve na casa de Obdúlio Varela. A mulher de Obdúlio é que disse: "Há um jogador no Brasil em que Obdúlio pensa todo dia: Zizinho."

O contato telepático entre Zizinho e Obdúlio Varela é a mais surpreendente herança deixada pela tragédia de 1950.

 - Eu sei sempre como é que vai Obdúlio. E ele sabe sempre como é que estou garante Zizinho. - A gente não precisa falar para saber. Só sei que raramente se passa uma semana sem que eu pense: como é que vai aquele sacana? O incrível é que ele tem um sentimento idêntico. O próprio Obdúlio é que confessou o fenômeno a Ademir e a Barbosa lá no Uruguai, anos e anos depois da Copa. E eu sinto a mesma coisa também - conta Zizinho, antes de arriscar uma explicação para o fenômeno: - Eu sou espírita. E ele também é. Penso sempre na saúde de Obdúlio. Quando a gente se encontrar, vai tomar um vinho federal.

Os dois - Obdúlio Varela, capitão do Uruguai, e Zizinho, estrela de primeira grandeza da Seleção Brasileira - já se conheciam de outras batalhas, mas a amizade surgiu depois da final da Copa de 50.

- A gente já se conhecia, mas brigava. Uma vez, num jogo do Bangu contra o Peñarol, Obdúlio me solou na cabeça. Rasguei a camisa dele com um pontapé. E ele veio de lá me dizendo: "Está bien, doutor; está bien, doutor." E eu: "Bien uma ova! Vou te matar, ô gringo!" A gente nunca jogou uma partida sem trocar desaforos.

Depois, trocaram palavras, a milhares de quilômetros de distância, sem precisar, sequer, abrir a boca. Deve ser um caso único de telepatia provocada por um trauma nacional.

- Tive vontade de abandonar o futebol depois da Copa do Mundo. Passei quase uma semana sem poder dormir. Quando ia dormindo, tinha um pesadelo. Pensava que o jogo ainda não tinha começado. O Bangu quis me dar 15 dias de folga. Eu disse: "Não, não quero folga. Quero jogar. Se eu ficar parado vou enlouquecer, porque não consigo dormir. Preciso jogar pra não ficar maluco."

O 16 de julho é, na lembrança de Zizinho, uma coleção de pequenos desatinos:

- Cansei de assinar autógrafos, como campeão do mundo, antes do jogo. A verdade é que não houve concentração para o jogo contra o Uruguai. Não houve! Depois, o general Mendes de Morais, prefeito da cidade, jogou essa história em cima da gente: "Dei o estádio a vocês. Agora, quero de vocês o campeonato." [As palavras do prefeito são estas: "Cumpri minha promessa construindo esse estádio. Agora, façam o seu dever, ganhando a Copa do Mundo."]

- Aquilo tudo - diz Zizinho - é responsabilidade em cima do time. A gente saiu do almoço para ouvir discursos de políticos na sala de troféus do Vasco, no dia do jogo. Eu ainda pensei: "E o jogo já acabou?" Que vontade que eu tinha de dar uma bronca naquele momento. Mas não podia. Os homens que estavam falando podiam ser os futuros presidentes do país.

"O que aconteceu em 1950 marcou tanto a gente quanto os uruguaios. Obdúlio sempre teve pavor de falar em Copa do Mundo. Uma vez, pegamos Obdúlio para dar uma volta pelo Rio, porque, na prática, ele não conhecia a cidade. Ficou espantado depois de visitar o Maracanã. Quando os repórteres o procuraram, a primeira pergunta que fizeram foi: 'E a Copa do Mundo de 50?' Obdúlio respondeu de cara feia: 'Acabou, acabou!' Não queria nem saber do assunto. Cortou logo.

"Em 1970 eu viajei até o México, para acompanhar a Copa do Mundo. O nosso time tremeu contra o Uruguai! Jogaram uma responsabilidade enorme no time brasileiro com a história de que ali se faria a vingança da derrota de 50. Se o primeiro tempo tivesse terminado 1x 0 para o Uruguai, como quase termina ... Clodoaldo é que fez o gol de empate já no final do primeiro tempo. O Brasil de 70 era mil vezes melhor do que o Uruguai, mas jogamos um jogo perigosíssimo, porque encheram a cabeça dos jogadores com a ideia de vingança. [O Brasil venceu por 3 x 1].

"Eu sabia que o Brasil iria ganhar do Uruguai em 1970, porque tinha um time superior. Não era o caso de 50. Todo mundo diz que em 50 o Uruguai era um time mau. Não era! O Uruguai tinha um jogador como Julio Perez na meia-direita, um Schiaffino, um Miguez, um Ghiggia. A defesa era formada por jogadores veteranos, como Obdúlio Varela e Gambetta. O nosso time era melhor, mas o do Uruguai era muito bom!

"Não gostam quando eu digo, mas houve falhas táticas fora do campo! O jogo tinha pouca importância nos dias que antecederam a partida! A concentração da Seleção Brasileira, em São Januário, virou cenário da política nacional. Ouvimos, no dia da decisão da Copa, discurso do seu Cristiano Machado, candidato a presidente da República. Ouvimos o seu Ademar de Barros, igualmente candidato. Eram os dois com suas comitivas. Quer dizer: houve uma desconcentração! Flávio Costa não tem culpa porque era um homem só. Hoje, quando se forma uma Seleção, forma-se um grupo de dirigentes. Naquela época, os dirigentes ficavam na CBD. Flávio é que tinha que tomar conta de tudo. Então, eu digo: houve uma desconcentração justamente no dia do jogo contra o Uruguai, o que prejudicou bastante o descanso dos jogadores. Dentro do campo, não houve desconcentração: ficamos surpresos, tomamos um susto com o que aconteceu.

"Não acho que tenha faltado cobertura nos lances dos gols do Uruguai. O principal fator da derrota estava fora do campo, no assédio que os jogadores sofreram. Todo mundo terminou se voltando para a Seleção Brasileira. Hoje se joga numa Copa do Mundo de quatro em quatro anos. A gente não sabia nem o que

Capítulo 10

era uma Copa do Mundo. A última tinha sido disputada em 1938, antes da guerra. Ouviu-se pelo rádio. Não tínhamos contato com países estrangeiros. Eu, por exemplo, nunca tinha visto a Iugoslávia ou a Suíça jogarem - dois dos nossos adversários em 50. De vez em quando víamos os 'reis do futebol', como os ingleses eram chamados, em filmes exibidos no Cineac. A gente ficava se perguntando: 'Como é que eles conseguem jogar num campo cheio de lama? Aqueles campos pesados de neve ...'

"Quando jogamos a Copa do Mundo, então, não tínhamos noção do que fosse realmente uma Copa do Mundo!

"De qualquer maneira, cansamos de ganhar do Uruguai com Obdúlio Varela jogando, antes e depois da Copa. Era um excelente jogador, um homem que tinha moral em cima dos uruguaios. Mas não foi por essa razão que perdemos. Obdúlio iria intimidar quem, no Brasil? Não tinha nenhum garoto jogando. Se algum dos nossos jogadores quisesse tirar de campo um uruguaio, que tirasse Julio Perez, o maior jogador do Uruguai na decisão.

"Não pensei em tirar ninguém do Uruguai, porque o jogo foi limpo. Não me lembro de ter levado, em momento algum da partida, uma falta que me levasse a dizer a um uruguaio: 'Vou à forra!'

"A presença do Obdúlio Varela nesse jogo não intimidou os brasileiros. Obdúlio gritava com os seus companheiros de time. Sempre gritou. Gritava à beça. Dava bronca. Eu o chamo de 'embaixador'; ele me chama de 'doutor'. Não faltou, no Brasil, alguém que gritasse também. Ganhamos da Suécia e da Espanha de goleada, sem precisar dar esporro em ninguém.

"Depois que o Uruguai empatou, tentamos de tudo para ganhar. O empate, na verdade, já foi um susto para o Brasil. De todos os jogos, até então, o mais difícil tinha sido contra a Iugoslávia - minha primeira partida na Copa do Mundo. O meu joelho estava deste tamanho... O Brasil tinha vindo de um empate com a Suíça, 2 x 2. Quando chegou a hora de enfrentar a Iugoslávia, Flávio Costa me disse: 'Você vai ter que entrar'. E eu: 'Mas não posso!' Mas, como ele disse que eu tinha de entrar, me amarraram o joelho todo com esparadrapo.

"Fui dormir quase de manhã. Não consegui dormir porque os massagistas não deixaram. Deram-me um remédio que, segundo Augusto, era de cavalo, um troço que botavam nos animais no jóquei. Não sei como os animais aguentavam. Queimava que não era brincadeira, a pomada.

"Se perdêssemos aquele jogo contra a Iugoslávia, poderíamos estar fora da Copa. Ganhamos por 2 x 0. Ademir fez um gol; fiz o outro. Tirei do joelho, no segundo tempo, aquele troço todo que estava me atrapalhando. O pior é que fiz, na véspera, um teste que foi uma vergonha. Quem me visse fazendo o teste não me botava para jogar. Daí por diante, participei de todos os jogos.

"Se a partida contra o Uruguai não tivesse sido disputada no Brasil, talvez nós tivéssemos vencido a Copa.

"O prefeito do Rio, general Mendes de Morais, jogou essa pra cima da gente no dia do jogo: 'Dei o estádio a vocês. Agora, quero de vocês o campeonato'. Era como se ele tivesse nos dado o Maracanã. Ora, eu, pessoalmente, só deixei de pagar ingresso no Maracanã quando Jorge Roberto da Silveira foi secretário de Turismo e Lazer. Sempre paguei minhas entradas!

"Tudo era responsabilidade jogada em cima do time. Pior é que fizeram montagens, havia fotografias. Obdúlio me contou: 'Não sei o que vocês pensavam, mas nosso receio era tomar uma goleada, como a Suécia e a Espanha tinham levado'. Obdúlio me disse também que, no dia do jogo, viu, numa banca de jornal, uma fotografia do Brasil já com a faixa de campeão. O que fez? Comprou o jornal, para mostrar aos colegas. 'Olhem: já são campeões!' Eu pergunto: quer dar uma arma melhor ao adversário do que esta - um jornal chamando o outro time de campeão? Os uruguaios ficaram loucos! Não podia existir uma injeção maior, um *dopping* maior para o time uruguaio do que esse.

"Houve uma invasão em São Januário, na véspera do jogo. Não houve concentração para o jogo contra o Uruguai. Não mesmo! Flávio já disse que houve, mas não houve, porque eu estava lá dentro também. Cansei de assinar autógrafos com o Brasil campeão do mundo. Ganhei um permanente de cinema endereçado a 'Zizinho, campeão do mundo de 1950'. Devo ter dado, na véspera do jogo, uns mil autógrafos. São Januário estava lotado de gente. Aquilo não era uma concentração, era uma batalha de confetes! O problema é que nós não estávamos preparados para disputar uma Copa do Mundo. O troço foi uma loucura.

"Nós fazíamos sempre um balão, para cada jogo. Era época. Sempre gostei de fazer. Pois bem: naquela semana do jogo contra o Uruguai, simplesmente não tínhamos lugar para estender uma folha de papel no chão para fazer um balão - de tanta gente que circulava pela concentração.

"Nós tivemos de sair do almoço para ir até a sala de troféus do Vasco, para ouvir discursos dos políticos. Quando saiu a comitiva do Cristiano Machado, chegou a comitiva do Ademar de Barros! Eu me lembro que ainda falei assim na sala do Vasco: 'O jogo já acabou?' Fizeram 'psiu!'. Tivemos de aguentar essa bomba toda, antes da partida.

"Nós, jogadores, fomos envolvidos pela cidade inteira. Não existia um meio de parar aquele clima de 'já ganhou'.

"É como um sujeito gritar 'fogo!' dentro de um cinema. Ninguém sai devagar.

"Eu sabia de uma coisa: ninguém deve entrar numa concentração de futebol. Sou contra, por exemplo, as mulheres irem a uma Copa do Mundo. A família tem de ser esquecida nessa hora. Se você vai jogar uma partida de futebol, deve se concentrar somente naquilo.

"Se eu dirigisse uma Seleção Brasileira, não permitiria. Eu diria: 'É um mês de sacrifício. Vocês não vão ter chance de ver suas famílias'.

"Não fui à missa que mandaram rezar na manhã do domingo, dia da decisão. Nunca fui à missa. Só vou quando um amigo morre. Não vou pedir para ganhar uma partida. Não envolvo os santos nesse troço. Tinha um grupo que ia à missa todo jogo. Eu era do grupo que não ia. Ficava brincando. Chamava Jair Rosa Pinto de 'Padre Rosa'. Pedia que ele rezasse um pouco por mim...

"O que aconteceu na viagem da concentração até o Maracanã foi o seguinte: o ônibus bateu no portão, na saída de São Januário, na Quinta da Boa Vista. Augusto chegou a se cortar - de leve.

"O silêncio da torcida depois do gol do Uruguai não pesou em mim, porque nunca tomei conhecimento do público. Sinceramente. Quando eu entrava em campo, só ligava para a bola, os adversários e meus colegas. Quando o estádio fica vazio, a gente ouve os xingamentos. Mas, com o estádio cheio, o que se ouve é aquele zunido...

"Pode ter acontecido uma onda negativa naquele dia no Maracanã. Numa partida de futebol, existe uma força maior que a gente não compreende. Mas que existe, existe. Não sei como é, mas existe uma força maior que dirige a partida. Não sei de onde vem. Talvez venha da multidão que forma pensamentos positivos ou negativos. É uma força.

"Mas os responsáveis por 1950 foram os homens da CBD: não foi a torcida. Porque a torcida não influi no resultado de uma partida de futebol. Nunca pensei em ganhar uma partida pelo fato de a torcida estar a favor ou contra. Uma partida se decide dentro do campo.

"Ainda joguei por oito anos depois da Copa de 50. Mas tive um choque ali. Tive vontade de abandonar o futebol. Só não abandonei porque, quatro meses antes, tinha assinado um contrato com o Bangu.

"O jogo contra o Uruguai foi, na verdade, o único em toda a Copa do Mundo que me deu medo. Em primeiro lugar, porque eles tinham um bom time. Depois, os uruguaios conheciam demais a gente. Naquele tempo, não se ia à Europa. Só fui à Europa, pela primeira vez, em 1951, com um combinado Bangu x São Paulo. Então, a gente não conhecia a Europa: jogava contra os argentinos e os uruguaios. Chamavam a Seleção Brasileira para qualquer festinha que se fizesse no Uruguai. Como jogávamos muito uns contra os outros, os jogadores passaram a se conhecer demais dentro do campo. Por esse motivo, a partida contra o Uruguai era a única que me dava receio.

"Falei com Danilo: 'Eu preferiria pegar uma Seleção do resto do mundo dentro do Maracanã, mas não os uruguaios'. Eu, então, não esperava que o Brasil fosse dar uma goleada. Só tinha certeza de que iríamos ganhar. Mas não ia ser brincadeira.

"Dias antes do jogo, eu disse, sentado na arquibancada do Vasco, em companhia de Rui, Noronha e, acho, Danilo: 'Eu preferiria jogar essa partida contra qualquer outro adversário. Porque os uruguaios conhecem demais a gente!'

"Todo mundo, ali, concordou. Mas Danilo, moleque, disse: 'É jogo duro! Quatro a zero pra gente!' Para Danilo, todo jogo nosso iria acabar em quatro a zero...

"A gente poderia estar no maior bagaço contra o melhor time do mundo. Mas Danilo dizia sempre: 'Que nada. A gente vai chegar lá e... quatro a zero!

"Mas, na hora de conversar a sério, ele disse que o jogo ia ser duro.

"A imprensa também cooperou com aquele clima todo de carnaval antecipado. Afinal, quem montou a foto do 'Brasil, campeão do mundo' no dia da partida contra o Uruguai foi um jornal.

"Aliás, a relação com a imprensa mudou nas Copas seguintes. Seu Carlos Nascimento - com quem conversei horas e horas sobre a Copa de 50 - estabeleceu, na Copa de 58, um horário para a imprensa. Antes, um jornalista chegava à concentração para fazer uma matéria para o jornal que teria de ficar pronto daqui a pouco. A gente tinha de acordar para fazer a matéria!

"Seu Nascimento introduziu, no futebol brasileiro, um horário para os jornalistas. De onze da manhã ao meio-dia, o jogador fica à disposição. Meio-dia, o jogador vai almoçar. Aquela história de jornalista ficar falando com jogador no campo ou na concentração acabou. É uma norma que ficou estabelecida depois da nossa derrota. O Brasil aprendeu.

"A verdade é que tivemos um primeiro tempo muito bom. Poderíamos ter ganho o jogo já no primeiro tempo. Só que as bolas não entravam. É aquela história: quando elas querem, entram sozinhas.

"Quase no final do jogo, eu meti a bola por dentro das pernas de um zagueiro para Jair. Era uma dessas bolas que Jair não perderia. A bola já estava ali, rolando dentro da área. Mas Jair bateu para fora. Quando vi a bola caindo nos pés de Jair, achei que a parada ia ser decidida ali, a nosso favor.

"A situação ficou difícil depois do segundo gol do Uruguai, porque partimos para o desespero para tentar ganhar. A técnica acaba numa hora dessas. Deu uma loucura geral. Faltou coordenação. Ninguém seguraria aquela situação. Uma partida de futebol pode chegar a um ponto em que você grita, grita, grita, mas ninguém vai ouvir. Porque sai todo mundo junto para ganhar ou para perder. Não adiantaria o técnico ficar gritando no túnel. Porque ninguém ouviria. Naquele desespero, nosso time foi pra frente até demais. Poderíamos ter tomado outro gol do Uruguai.

"A única pessoa que veio falar comigo depois do jogo, ainda dentro do campo, foi Máspoli, o goleiro do Uruguai. Nem atinei que era ele, na hora. Depois é que vi uma fotografia em que ele me abraça.

"Parece que ele disse: 'Isso é coisa de futebol. Um tinha de ganhar.'

"Passei quase uma semana sem dormir direito. Tinha pesadelo pensando que o jogo não tinha começado. O sonho era assim: a gente ainda ia jogar contra o Uruguai, aquilo tudo que aconteceu era mentira, um pesadelo que tinha passado, o jogo ainda iria começar. Nesse momento, eu me apresentei ao Bangu. Disse ao diretor: 'Seu Nascimento, preciso jogar. Senão, vou ficar maluco!'

"Quando comecei a jogar, terminou aquela história toda. Copa do Mundo que se dane! Já perdi. O que é que vou fazer? Mas até hoje não me acostumo com a ideia de que perdemos.

"Uma vez, ao participar de uma promoção em Niterói, eu ficava à disposição das crianças que quisessem fazer perguntas sobre futebol. Um loirinho de uns oito anos ficou me olhando enquanto os outros faziam perguntas. Resolvi me dirigir ao menininho louro: 'Você quer me fazer uma pergunta, não quer?' Ele então disse assim: 'Seu Zizinho, como foi que o senhor perdeu a Copa do Mundo?' Eu olhei para ele e disse: 'O seu pai devia ter a sua idade na Copa. Isso foi passado do seu avô para o seu pai. Depois, passou do seu pai para você. Agora, vou responder para você, um dia, contar ao seu filho. Se eu viver cem anos, vou continuar respondendo a esta pergunta, como você me fez agora...'

"Não me lembro de ter tido uma discussão com Juvenal no vestiário. Mas, se ele disse que as vaias da torcida eram para Bigode, eu deveria ter partido para cima. Juvenal era um louco. A gente não podia tomar nota do que ele falava. A culpa foi de quem botou Juvenal para jogar: não foi minha nem de Bigode.

"O maior choque que tive depois da partida aconteceu no vestiário: os jogadores todos estavam alucinados, aos prantos, enquanto um diretor da CBD vibrava com a arrecadação do jogo. Dizia: 'Tudo bem, rapazes: vejam a renda que deu!' Como se a renda fosse nossa... Chamava-se Castelo Branco. Tive vontade de avançar em cima.

"Eu brigava também por coisas à toa. Nem pensava em grandes coisas. Eu me lembro que, durante a Copa de 50, na véspera do jogo, eu me queimei com a CBD. O doutor Silveirinha, patrono do Bangu, pediu que eu comprasse 25 cadeiras para ele. Fez o pedido quando fui visitá-lo, no hospital onde ele trabalhava. Como eu ia depois à CBD, ele me pediu o favor. Fui, pessoalmente, à CBD, na rua São José com Primeiro de Março, para comprar as cadeiras, com o dinheiro na mão. Era um dia de folga nossa. Chego à CBD, digo: 'Quero comprar 25 cadeiras. Silveirinha quer dar para uns amigos que estão chegando ao Rio. As entradas estão na mão dos cambistas.' O pessoal da CBD disse que não tinha cadeiras. Eu digo: 'O caminho aqui da São José vai dar nas Barcas. Pego minha barca e vou embora, se as cadeiras não aparecerem agora aqui.' Se não arrumassem as cadeiras, eu iria embora mesmo. Porque eu sabia que a CBD tinha cadeiras, até na mão de cambistas. Então, para ir embora, era só tomar o caminho das Barcas.

... E O ESCRITOR FAMOSO VAI PRESO PORQUE ESTAVA VENDENDO INGRESSOS PARA A GRANDE FINAL DA COPA

"Detido o escritor José Lins do Rego - Agiram os investigadores da Delegacia de Costumes com a cautela necessária, embora com rigor absoluto. O princípio geral era de que a simples oferta de entradas constituía a base de detenção. Alguns casos se deram em que os vendedores, levados à delegacia, logo depois foram soltos. Assim aconteceu com o escritor José Lins do Rego que, na rua São José, passava dez cadeiras numeradas a um oficial de marinha. Levado à Delegacia, o escritor declarou que as cadeiras pertenciam à irmã."

Fonte: *Diário Carioca*

"Ganhei, naquela Copa do Mundo, uma gratificação menor do que o que recebia no Bangu, além de uma medalha de vice-campeão que é uma vergonha. Ficou preta.

"Quanto aos prêmios que foram dados por empresas aos jogadores durante a Copa, ficou estabelecido que qualquer dinheiro que se ganhasse seria dividido. Mas quem ganhasse um objeto como prêmio como é que iria dividir? Como é que se divide um lustre de cristal?

"Os jogadores gostavam também de um baralho. Sempre se jogou carta. Flávio Costa não gostava, mas sempre soube que estava havendo jogo.

"Não perdemos contato com os uruguaios.

"Promoveram, numa data nacional no Uruguai, três grandes prêmios no jóquei de lá: um levava o meu nome, o outro o de Ademir e um terceiro o de Barbosa. Não pudemos ir, eles vieram ao Brasil para nos dar o troféu que iria ser entregue a nós no jóquei clube de Montevidéu. Aliás, o troféu que os uruguaios nos deram é muito mais bonito do que a medalha que a CBD nos deu.

"Barbosa sempre me diz: 'A maior pena que existe para um crime no Brasil é de trinta anos. Mas desde 1950 eu sou condenado.'

"Eu me lembro que, na década de 1970, Obdúlio Varela procurou Ademir. Disse: 'Eu estou precisando de vocês. Um amigo meu lá no Uruguai tem um hospital para crianças que vai fechar. Uma tristeza! Porque é uma obra maravilhosa.' O que é que a gente poderia fazer para melhorar a situação do hospital? Jogar uma partida contra os uruguaios. Era o que Obdúlio queria. Ademir, então, me chamou. A gente viu que nem todo mundo do nosso grupo tinha condições de comprar passagem. Obdúlio disse que mandava avião, conseguia hospedagem. Depois, perguntou: 'Quanto vocês querem para ir ao Uruguai?'

"Eu disse: 'Nós não estamos aqui para ganhar dinheiro!' Eu ainda jogava peladas. Fizemos, então, um time brasileiro para ir ao Uruguai jogar. Fomos eu, Ademir, Barbosa, um grupo. Perdemos por 4 x 2. Os uruguaios reuniram Obdúlio, Gambetta, Andrade. Dos outros jogadores do Uruguai, Schiaffino tirou a sorte grande – literalmente. Ganhou duas vezes na loteria: uma no Uruguai, outra na Itália.

"Obdúlio me disse que fazia tempo que o Estádio Centenário não enchia.

"Eu e Obdúlio, a gente sempre se lembra um do outro, sem precisar falar. Já faz tempo. Dentro de campo, sempre brigamos. Nunca jogamos uma partida sem trocar desaforos. Mas, na final de 50, não trocamos uma palavra no campo. Não sei como nasceu esse tipo de contato, não compreendo, mas sei que não se passa uma semana sem que a gente se comunique. Sou espírita, ele também. Deve ser essa a razão. Tudo deve ter a ver com o Brasil x Uruguai de 50. Porque foi ali que nossa amizade começou. Eu nem estava presente na casa de Obdúlio, no Uruguai, quando ele falou sobre esses contatos. Quem estava lá era Ademir, com Barbosa.

"Quando eu soube, eu disse: 'Pois eu sinto a mesma coisa'. De vez em quando, a gente se lembra um do outro. O canal fica aberto.

"O que eu queria era ter tido a chance de disputar outra Copa do Mundo. Mas não tive."

"Um menino queria[...] Passei a noite pens[ando...] santo? Eu sou deus[...]"

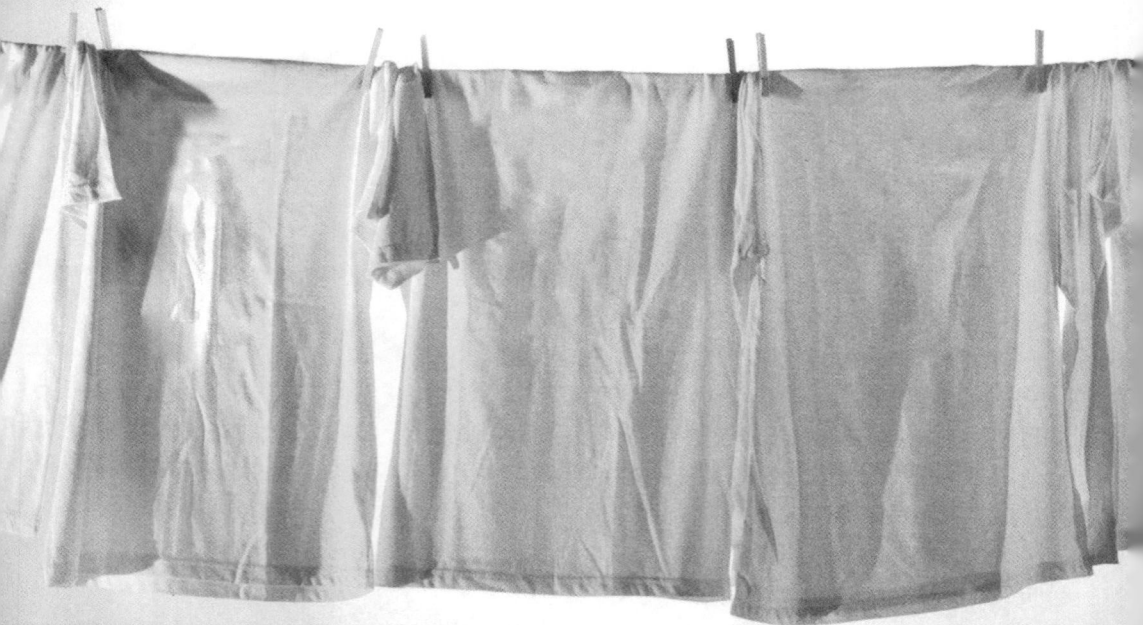

Quase quarenta e quatro minutos do segundo tempo. Dois a um para o Uruguai. Se o Brasil empatar, é campeão do mundo. Friaça cruza sobre a área. Zizinho deixa para Ademir. É agora. O chute - de primeira - vai para fora.

- Tive a oportunidade de fazer um gol no final. Se aquela bola entra, eu sairia candidato a deputado. Hoje, seria ministro de Estado - garante Ademir, o maior artilheiro do Brasil numa Copa do Mundo até hoje: nove gols em seis jogos.

...me ver no hospital.
...ndo: eu sou um
..."

— Culpam sempre dois jogadores - Ademir refere-se, sem citar os nomes, a Barbosa e Bigode:

— Mas o verdadeiro culpado não ficou com a fama.

Ademir respira fundo, diz que vai, "pela primeira vez", citar o nome do jogador que, segundo ele, deve levar a culpa pelo gol do Uruguai.

Mas a cena da Copa de 50 que comoveu Ademir pelo resto da vida aconteceu fora dos gramados.

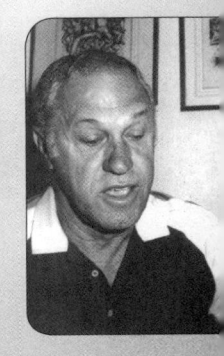

- Um fato que me marcou na Copa de 50 é completamente fora do futebol. Fui feliz logo nos primeiros jogos, porque comecei a marcar gols. O Brasil saiu dando goleadas. Depois do jogo contra a Espanha - que vencemos por 6 x 1 - eu estava na concentração, quando apareceu um senhor num automóvel. Ninguém poderia entrar, mas entrou, meio agitado, me procurando, depois de buzinar no portão. Dizia: "Quero falar com Ademir!" O pessoal ficou preocupado: deve ser alguma bomba, algum problema. Começaram a me esconder. Quando, finalmente, conseguiu entrar, o homem foi direto ao nosso técnico, Flávio Costa: "Eu estou com um filho de 14 anos na mesa de operação. E ele me fez um pedido que vou ter de atender. Quer que Ademir vá ao hospital."

"Flávio Costa me chamou num canto: 'Você vá lá com o médico da Seleção, num carro da CBD. Veja a situação e volte.' Depois de sair da concentração, fui pensando dentro do carro: 'Pode ser algum conhecido, pode ser algum pernambucano.'

"Quando cheguei ao hospital, vi que era um garoto meu admirador, que gostava de futebol de botão. O menino veio, me beijou e disse: 'Doutor, pode operar.'

"De volta à concentração, não consegui dormir. Passei a noite em claro. Fiquei pensando: 'O que é que eu sou? Um santo? Eu sou Deus?' Aquilo me impressionou. Para dizer a verdade, eu nem poderia ter saído da concentração, mas deram autorização para que eu saísse.

"Vinte anos depois, em 1970, eu estava trabalhando no rádio como comentarista. Fui a uma agência do Citybank aqui no Rio para trocar cruzeiro por dólar, porque iria viajar ao México para assistir à Copa do Mundo. De repente, quando eu estava na fila, um rapaz de uns trinta anos de idade me pergunta: 'Você se lembra de um senhor que em 50 foi buscar você lá na concentração do Brasil para ver um menino na Casa de Saúde Santa Lúcia, em Botafogo?' [As lágrimas molham o rosto de Ademir nesse momento da entrevista.] Eu disse que me lembrava. O menino era ele. São passagens assim que marcam a gente no futebol.

"Depois, Paulo Perdigão, que escreveu um livro sobre a Copa de 50, guardou uma unha minha! Depois que larguei o futebol, Paulo Perdigão, meu admirador, fez uma pelada. Eu participei da pelada. Peguei uma bola, chutei um marisco, minha unha caiu. Perdigão pegou minha unha, botou dentro de um vidro e guardou.

"Guardo também da Copa de 50 um detalhe que é marcante para mim. Todo mundo tem suas vaidades. O primeiro gol da Copa do Mundo de 50, no jogo de abertura, entre Brasil e México, foi feito por mim, no Maracanã, na barra do gol do lado esquerdo. Quem fez o primeiro gol do Maracanã, no jogo de inauguração, um amistoso entre um combinado paulista e um carioca, foi Didi. Mas o primeiro gol em jogo oficial quem fez fui eu. Guardo assim: o primeiro gol que se fez nesse estádio foi meu!

"Os uruguaios nos prestam homenagens até hoje. Em 80, Obdúlio, Máspoli e Ghiggia vieram ao Rio para nos entregar uma plaquinha com os dizeres: 'Ao grande maestro Ademir, ao grande Zizinho, ao grande Barbosa'. Falam com a gente com carinho. De 50, tenho apenas, além do troféu de artilheiro, uma taça que a CBD nos mandou apanhar lá. A taça não traz nenhuma inscrição. É insignificante. A gente ganhou mais prêmios dos próprios uruguaios do que do Brasil com o título de vice-campeão. É dado de coração. Vou me lembrar sempre: 'Ao se cumprirem 35 anos do Mundial de 50, a delegação do Uruguai oferece ao grande amigo Ademir de Menezes no Rio, 20 de julho de 1985'.

"Chamam o jogo contra o Uruguai de tragédia. A palavra certa é acidente. Só não gosto é quando alguém, aqui no Brasil, diz assim: 'Meu pai dizia que vocês tiveram medo do Uruguai ...'. O Brasil não tremeu!

"O time de 50 foi bem trabalhado. A CBD fez um excelente trabalho. Ficamos uns 45 dias em Araxá - um ambiente de frio, gostoso. Tivemos uma preparação fisica mais ou menos como a que se faz hoje. Olheiros iam ao exterior. O negócio era eliminar os ingleses, porque em 50 a Inglaterra era o máximo. Mas a Inglaterra, que inventou o futebol, foi eliminada da Copa depois de perder para os Estados Unidos por 1 x 0.

"Nosso time em 50 foi um dos melhores. Tinha falhas em alguns setores. Nossa defesa não era tão organizada quanto o meio-de-campo. Tinha buracos. O Brasil começou a Copa ganhando um jogo por 4 x 0. Depois, complicou-se com um empate em São Paulo, porque houve a interferência da política entre paulistas e cariocas. Flávio Costa teve de modificar o time, para escalar jogadores paulistas. O time, então, não pegou conjunto. Ainda assim, chegamos à final. Era um jogo de igual para igual, porque os dois times, Brasil e Uruguai, pertenciam à mesma escola.

"Mas, infelizmente, entraram os dirigentes. Não se sabe ainda quem deu a ordem para que a concentração da Seleção Brasileira se mudasse da Barra da Tijuca para dentro de São Januário. O certo é que, na véspera do jogo contra o Uruguai, fomos para São Januário, onde o ambiente, se não era exatamente de festa, era movimentado, com todos aqueles pedidos de autógrafo e de fotografias. Os políticos queriam tirar retrato com o time. Aquilo deu, a nós, jogadores, uma certa euforia. Acreditamos que o jogo já estava ganho. Como não existe vitória antecipada, fomos derrotados, o que se transformou na maior lição que o Brasil já teve. Fala-se na derrota até hoje.

"Uma equipe que vai disputar um título mundial precisa, por exemplo, descansar depois do almoço, na véspera do jogo. Mas, quando um jogador se levanta, vem alguém dentro da concentração pedindo que o jogador assine autógrafo, tire foto, vá para lá, venha para cá. Isso complicava.

"Mas nós, jogadores, como já tínhamos jogado contra o Uruguai várias vezes, sabíamos que o jogo não seria fácil, porque conhecíamos a malandragem dos uruguaios.

"Quero falar de um dos detalhes mais importantes da decisão, porque existiu um exagero não apenas por parte da torcida como por parte da imprensa, uma das coisas mais tristes que vi na minha vida esportiva: naquela época, estavam lançando a cerveja Antarctica - a 'faixa azul'. O fotógrafo pediu que os jogadores tirassem uma foto que serviria como propaganda da 'faixa azul' da Antarctica. Como existe truque para tudo, acrescentaram na faixa os dizeres' os campeões mundiais', numa foto que saiu na imprensa, no sábado, antes do jogo. Isso deu uma tristeza: nós ficamos aborrecidos. Os uruguaios também. Porque parecia que a gente estava comemorando antes. São coisas que influenciam.

"Como era ano de eleição, o prefeito do Rio, general Mendes de Morais, que fez o Maracanã, teve uma participação na presença de políticos em São Januário. Quis fazer propaganda para Cristiano Machado, o candidato a presidente da República que o prefeito apoiava.

"Nosso treinador, Flávio Costa, um homem que não tem culpa de nada, se empolgou tanto que ia se lançar candidato a vereador pelo Rio. O ambiente estava assim.

"Dentro do vestiário, quando a gente já estava se preparando para entrar, fomos obrigados a dar uma parada, porque apareceram dirigentes da CBD e políticos para nos pedir que fizéssemos uma bela partida, porque o nome do Brasil estava em jogo, não apenas no futebol, mas também na disciplina. Aquilo afetou de alguma maneira os jogadores, principalmente os mais violentos. Eram jogadores que sabiam jogar mas também sabiam dar pancada. Houve, então, uma certa timidez por parte de jogadores como Bigode, um bom jogador que jogava duro. Ficou com medo de ser expulso depois de dar um pontapé. Se Bigode fosse expulso e o Brasil perdesse...

"A recomendação foi feita pela comitiva do general Mendes de Morais. A intenção não era a de prejudicar os brasileiros, mas criou uma tensão. Há jogadores que, dentro do campo, se transformam em feras. Quando recebem um recado assim, diminuem o ímpeto.

"São histórias que vão ficando para a eternidade, como essa que apareceu agora - a de que o ônibus enguiçou. Houve uma parada do ônibus porque a bateria arriou. É só empurrar, a bateria pega, vai-se embora. Os jogadores empurraram normalmente. Aconteceu num local maravilhoso, a Quinta da Boa Vista. O lugar estava vazio. A gente empurrou, o ônibus pegou. Isso criou a história de que empurramos o ônibus até o Maracanã. Que nada: empurramos por três, cinco metros, o que serviu de motivo para dizerem que faltou organização. Jogaram uma pedrinha no ônibus - que pegou em Augusto, nosso capitão.

"Aconteceu antes do jogo. Porque, depois, o povo respeitou, em silêncio. Parecia um enterro.

"Quando, depois da Copa, o Vasco foi jogar contra o Peñarol, base da Seleção do Uruguai, falou-se em 'forra'. Mas não existe esse negócio.

"Taticamente, a seleção jogava num 4-3-3. Eu de *center-foward,* os dois pontas. Zizinho e Jair recuavam para o meio do campo para fazer quatro homens com Danilo e Bauer. Eram quatro jogadores extraordinários: Bauer, Danilo, Zizinho e Jair no meio do campo. Eu, pelo meio, jogava adiantado. A armação das jogadas era feita por eles que, no meio do campo, exploravam os lançamentos para mim. A velocidade que eu tinha era explorada. Eu ganhava sempre uma bola naquele espaço. Por ali, saíam os gols. As equipes europeias chegaram a botar um líbero, mas ele não resolvia, porque ficava parado. Quando eu chegava com a bola dominada, na frente do líbero, já levava vantagem, porque estava de frente para o gol. Então, eu dava um drible ou soltava a bola para o lado.

"Já os uruguaios me davam o primeiro combate, mas deixavam outro jogador na sobra - Matias Gonzales. Eu, então, passava por todos mas, quando chegava ali, tinha sempre um último que me desarmava. O segredo dos uruguaios para fazer parar o nosso time - ou pelo menos diminuir as jogadas - foi esse.

"Usaram um líbero, não para disputar, mas para esperar, dentro da área. Houve jogadas violentas que poderiam até dar origem a pênaltis. O pau comia mas o juiz, um inglês, deixava o barco correr. O Uruguai, com esse segredo, soube nos desarmar e nos vencer.

"De qualquer maneira, sou até hoje o jogador brasileiro que mais gols fez numa Copa do Mundo: nove gols em seis jogos. O Uruguai é que conseguiu se armar.

"Quanto à recomendação que Flávio Costa fez no vestiário, eu me lembro que ele falou berrando, porque tinha esse estilo. O futebol brasileiro, aliás, deve muito a ele, porque ele procurou impor disciplina num ambiente um pouco desorganizado. Flávio Costa pensou em reagir no intervalo do jogo, porque o placar estava zero a zero, mas a gente sentia que o Uruguai chegava perto do gol. O técnico nos animou, disse. que a gente tinha de jogar com seriedade, mas sem deslealdade: o time deveria jogar futebol como se deve. Fez um alerta, mas pediu que cada um jogasse o que jogava. Quem tivesse suas características que continuasse com elas, porque aquela era a última partida: não interessava perder!

"Chico, nosso ponta, foi ao Augusto, o capitão, durante a partida. Disse: 'Vou dar um pontapé ou um murro em Obdúlio Varela, porque aí eu saio do jogo, mas ele também...'. Augusto disse que não, porque aquilo poderia complicar ainda mais do que já estava. Dentro do campo, eu não escutei Chico fazendo essa proposta.

"Não é verdade que Obdúlio Varela tenha ganhado o jogo no grito. Obdúlio tinha um temperamento que o levava a dar gritos e a se movimentar, mas sem atingir o adversário: era um jogador que empurrava o próprio time. O berro que ele dava era para os uruguaios. O time do Uruguai tinha garotos, como Ghiggia e Schiaffino. Já Obdúlio era um jogador experiente.

"Matias Gonzales, beque do Uruguai, um brasileiro da fronteira que se naturalizou uruguaio, me deu um chute no tornozelo, sem bola, com um minuto de jogo. Ali ele me mostrou que o jogo ia ter jogadas duras, como teve. Brasil x Uruguai foi um dos jogos mais duros da época. Gonzales, um jogador forte que não jogava bem, partia com violência pra cima da gente.

"Culpo pela derrota não só os jogadores e a comissão técnica, mas principalmente os torcedores brasileiros. Quando o Uruguai fez 1 x 1, a torcida já diminuiu. Quando os uruguaios fizeram 2 x 1, a torcida ficou muda. Cadê a reação? Se a torcida não teve reação, nós, jogadores, poderíamos ter? Sem a ajuda do grito?

"O silêncio teve um impacto sobre mim. Deu vontade de ficar parado. Houve reação apenas por parte de Zizinho e Augusto. Mais ninguém. Eu, Danilo, Jair, Bauer ficamos paralisados. Mas só achei que tinha perdido o jogo quando tudo acabou. Antes, eu lutava, andava, corria, mas não sentia aquela emoção dentro de mim. Eu não estava me sentindo normal. Tive uma oportunidade de fazer um gol no final.

UM DESABAFO EM CINCO TEMPOS SOBRE A "ESTÚPIDA TARDE" DE 50. DAVID NASSER, UM DOS 200 MIL TORCEDORES QUE ESTIVERAM NO MARACANÃ, FAZ A RADIOGRAFIA DA DERROTA NA REVISTA O CRUZEIRO:

1. *"Todos somos culpados. Que história é essa agora de descarregar sobre os ombros de Bigode, Barbosa, Jair; Flávio Costa, a responsabilidade de uma derrota que é tão nossa quanto deles e para a qual contribuímos e pela qual nos penitenciamos? A máscara estava atarraxada em nossos rostos desde as goleadas.*

É muito cômodo, nestes instantes amargos de perda definitiva, afastarmos toda a culpa do fracasso para um grupo de apenas 11 jogadores e um técnico. Quem lhes afivelou a máscara? Vocês, torcedores. Nós, jornalistas. Eles, do rádio. Todos, sem exceção."

2. *"Era um time imbatível, o nosso. Invencível em todas as suas linhas. Pela velocidade de seus atacantes. Pela muralha de sua linha média. Pela segurança dos zagueiros e pela agilidade felina do guardião de sua meta.*

Criamos a lenda de sua invencibilidade e fizemos com que eles se esquecessem do ilógico do futebol. Foram os jogadores que mandaram bordar as faixas de campeões do mundo antes do jogo? Foi o técnico que publicou fotografias do quadro brasileiro com a legenda de campeões do mundo? Fomos nós, os assistentes e observadores, os profetas da vitória que não veio."

3. *"Os uruguaios eram 11, como 11 eram os brasileiros. Que tinham a perder? Um título quase impossível. Por isso, pelejaram com alma, coração, sangue e raça, conquistando a maior vitória do futebol em todos os tempos. O velho guerreiro Obdúlio, moreno, carrancudo, malcriado, parecia em campo um magnífico general.*

O que sobrou aos uruguaios faltou aos brasileiros - e nisto está resumida toda a tragédia esportiva. Velocidade. Passes longos, desses que se utilizam para atravessar as barreiras da defesa. E um comandante em campo."

4. *"Falam de Bigode. Realmente, não jogou bem. Realmente, foi o responsável pelos dois gols. Mas por que deixaram Bigode sozinho? Por que não o socorreram, quando ele lutava em desvantagem contra o maior extrema-direita do continente? Falam de Barbosa e da segunda bola, que deixou passar. Quem fala assim é porque se acostumou a ver São Jorge no gol do Brasil defendendo todos os pelotaços. Vá para o arco e experimente um Ghiggia a poucos metros, livre a chutar um desses petardos e depois perdoará Barbosa."*

5. *"Todos aqueles que viram no Gigante do Maracanã o fracasso do futebol brasileiro naquela tarde feia estão redondamente enganados. Ali nascia o futebol brasileiro. Um futebol mais positivo, porque todos os seus vícios, todos os seus erros, todas as suas falhas se cristalizaram na derrota.*

Do Maracanã, da mágoa que nos deixou esta partida, da poeira e do amargor de um grande 'team' vencido por um quadro tecnicamente inferior, mas superior no entusiasmo, no sangue e na fibra, há de sair o futebol brasileiro que poderá fazer o mesmo que os uruguaios aqui fizeram, contra os prognósticos, contra a torcida, contra tudo.

Da estúpida tarde no Maracanã, nascerá o futebol brasileiro sem máscaras."

Fonte: *O Cruzeiro*, 29/7/50, artigo "Derrota da Máscara"

Se sai o gol ali, o Brasil seria campeão. Eu iria me candidatar a deputado, hoje seria ministro de Estado...

"Houve também um lance de Jair - um jogador que colocava a bola onde queria, com a perna esquerda. Teve uma oportunidade, mas não encheu o pé. Quis colocar. A bola passou raspando a trave. Jair até comentou comigo: 'Eu vi o ângulo certo...'

"Culpam sempre dois jogadores - infelizmente. Os dois ficaram eternamente com a culpa. Se um jogador deve ficar com a culpa, o verdadeiro não ficou. É a primeira vez que eu estou falando assim. Se tem de culpar um jogador, o jogador que deveria ser culpado é Juvenal. Quando Ghiggia driblou o Bigode, Juvenal tinha que dar combate ao próprio Ghiggia, enquanto Danilo fazia a cobertura para marcar Miguez, o *center-forward*. Aconteceu justamente o contrário. Juvenal não foi. Ghiggia foi chegando, foi chegando, foi chegando. Quando viu que faltavam dois metros, chutou entre a trave e Barbosa. Quando o Uruguai fez o primeiro gol, Ghiggia, naquela mesma posição, deu a bola para trás. Barbosa pensou, então, que, no lance do segundo gol, Ghiggia iria repetir a jogada. Como Barbosa quis pegar o passe, Ghiggia jogou a bola onde Barbosa não estava. Se houve culpado, foi Juvenal que faltou na cobertura. Naquela época havia a marcação de homem. O sujeito dizia assim: 'Joguei bem porque marquei fulano e ele não fez gol!' O que é que adianta se ele marcou esse um e o outro fez cinco gols? Era o caso do Juvenal explicar... Bigode sofre até hoje.

"Depois do jogo, desapareci. O que estava combinado é que a CBD já tinha contratado uma boate de Carlos Machado, a famosa Night and Day, para um jantar. Já estava tudo pronto. Mas, depois do jogo, desaparecemos. Fui direto para a minha casa, em São Januário. Peguei o carro, chamei minha mulher e disse: 'Junte umas roupas, porque vamos sair'. E ela: 'Para onde?' 'Não sei!' Resolvi encher o tanque de gasolina. Peguei a estrada Rio-São Paulo - cheia de curvas, não era a de hoje. Depois de duas horas de viagem, vi uma placa 'Ilha de Itacuruçá'. Nem conhecia, mas entrei, para procurar um hotel. Já era meia-noite. O empregado do hotel me reconheceu. Eu disse que pagava dobrado se ele fizesse de conta que eu não estava lá. E ele: 'Pode deixar!'

"Mas, quando acordei no dia seguinte, a frente do hotel estava cheia de gente. Pior para mim! Fiquei aborrecido, mas logo apareceu um português, Armando Vieira de Castro, um vascaíno, meu amigo até hoje, que me levou para uma casa que ele tinha em Itacuruçá, um lugar bom. Fiquei uns vinte dias escondido. Passei um telegrama, dei um telefonema para o Vasco. Depois de três dias, mandei buscar

Barbosa para ficar comigo. O porteiro do hotel espalhou a notícia de que eu estava na cidade, pensou que eu ia ficar satisfeito, mas nem paguei a conta.

"Fiquei sentido nos primeiros jogos que disputei depois da Copa. Depois do primeiro jogo contra os uruguaios é que me senti como se tivesse tomado um banho; tive uma sensação de alívio.

"Ganhei um troféu bonito, oferecido pelo México para o artilheiro da Copa. Um dia antes do jogo, ganhei um permanente de cinema, oferecido ao 'campeão do mundo Ademir Menezes'. Quem ofereceu foi o Cineac Trianon.

"O que deixamos de ganhar foi um bom dinheiro de gratificação. Já havia também um movimento para que a gente se metesse em política: eu, Zizinho, Jair, Barbosa, Danilo, jogadores que fizeram campanha para candidatos ao Senado. Havia essa promessa, se o Brasil vencesse.

"Há jogadores que dizem que ficaram aborrecidos porque os prêmios só iam para os artilheiros. É invenção, é anedota. O que houve foi a distribuição de terrenos por parte de uma empresa para quem fizesse gols. Jogadores do meio-de-campo e da defesa disseram: 'O que é que houve? Só ganham os atacantes?' Mas ninguém chegou a se aborrecer. Primeiro, porque os atacantes não foram pedir nada. O prêmio é que foi dado. Naquela época, os atacantes tinham vantagens. Hoje, inventam prêmio para goleiro menos vazado. Mas, na minha época, o negócio era fazer gol, a alegria do futebol. Eu estive em várias seleções brasileiras e cariocas. Nunca vi um ambiente tão bom entre os jogadores quanto na Seleção de 50. Infelizmente, a derrota criou essa onda de que existiu desentendimento.

"A Seleção de 50 foi injustiçada. Porque segundo lugar para o Brasil não serve. Quando um amigo me apresenta ao filho, diz 'Ademir - o que jogou na Copa de 50'. Ninguém nunca diz que eu fui campeão pelo Vasco, pelo Sport no Recife, pelo Fluminense, campeão Pan-americano e Sul-americano. Sempre dizem: é aquele que perdeu para o Uruguai no Maracanã. Os outros títulos que eu tenho acabaram.

"Sou o eterno vice-campeão."

"Você sai do cam[po
o túnel, chega a[o
a roupa e começ[a

O coração de Jair da Rosa Pinto quase explode. Quarenta e cinco minutos do segundo tempo. Dois a um para o Uruguai. O zagueiro uruguaio Gambetta manda a bola para escanteio. Friaça levanta a bola sobre a área do Uruguai. O Brasil inteiro prende a respiração.

- A cada vez que entro no Maracanã eu volto no tempo. Vejo aquele lance de novo. A bola passou por mim. Eu e o goleiro do Uruguai saltamos. Mas sou baixo. Tenho certeza: se Baltazar estivesse ali no meu

po, atravessa vestiário, tira a chorar."

lugar, a bola teria entrado. O meu drama é esse. Fiz de tudo para alcançar. A bola passou raspando o meu cabelo. Pensei em Baltazar, um emérito cabeceador. Se aquela bola entrasse, se papai do céu tivesse me ajudado, o Maracanã iria cair. Eu seria o salvador da pátria, o melhor jogador do mundo. Mas só me lembro de todo mundo chorando. É a única desgraça que eu levo. Porque fui campeão de tudo. Só faltou uma Copa do Mundo.

11 Capítulo

O pesadelo assustava Jair na hora de dormir.

- Sempre, antes de dormir, eu pensava no gol que não fiz, aos 45 minutos do segundo tempo. Eu sonhava assim: o Brasil com um time daqueles não ganhou a Copa do Mundo? A derrota é que tinha sido um sonho. Acordava espantado. Olhava ao redor - e o Maracanã estava ali, na minha frente.

Jair quer enterrar dois estigmas que acompanham os anti-heróis de 1950.

- Obdúlio Varela não deu tapa nenhum em Bigode. É mentira. Isso tem de ficar esclarecido. E eu vou culpar Barbosa? Não! A bola passou onde não podia. Responsabilizo os 11. Porque nós, os 11, é que jogamos.

E a briga pela divisão do lustre de cristal?

- Ganhei um lustre de cristal, porque fiz gol. Não era promoção: era pra quem fizesse gol. E fiz. Botei o lustre para ser leiloado. Os outros é que não quiseram. Guardo o lustre com carinho até hoje. Fiz um gol contra o México. Mas houve um acordo para que tudo que se ganhasse fosse vendido e o dinheiro dividido. Os jogadores é que disseram: "Fique com o lustre."

"Eu ia todo domingo à Igreja de São Januário. Friaça ia comigo. Mas resolveram fazer a missa na própria concentração, no dia da final contra o Uruguai... Não gosto dessas coisas. Misturar uma coisa com a outra. Não quero dizer que sou melhor do que ninguém, mas, depois do jogo, fui ver a imagem de Nossa Senhora da Vitória e agradecer a ela. Não se deve agradecer somente quando se ganha. Agradeci porque não me machuquei nem ninguém se machucou. Rezei meu Pai-Nosso lá. Quando o Brasil perdeu a Copa de 66, largaram a imagem de Nossa Senhora Aparecida no vestiário. Era a madrinha da Seleção Brasileira. Não tinha Luisa Brunet, nada disso: madrinha da Seleção era Nossa Senhora Aparecida.

"Não existe vingança para derrota em futebol. Se existisse vingança, o futebol iria virar guerra. Quando o Brasil ganhou do Uruguai na Copa de 70, não me senti de peito lavado. Só me sentiria se eu fosse campeão do mundo. Mas não fui. É a única desgraça que carrego. Porque fui campeão de tudo.

"O Uruguai tinha um bom time: o trio atacante do Uruguai não ficava devendo nada ao trio atacante brasileiro - Zizinho, Ademir e Jair. Os uruguaios tinham Julio Perez, Miguez e Schiaffino - craques. Posso dizer que eu fazia parte de um famoso trio de atacantes, considerado um dos melhores do mundo. Máspoli não ficava atrás do grande goleiro que era Barbosa.

"Além de raça, o Uruguai tinha um time bom. O que é que aconteceu com o time do Brasil? O que o Brasil fez contra Iugoslávia, México e Espanha não fez contra o Uruguai. Faltou alguma coisa. O trio atacante uruguaio era uma coisa séria. Mas Flávio Costa fez o que era certo: não tinha que mudar ninguém. Porque não se troca ninguém num time que vem ganhando por quatro, cinco, seis. Zero a zero já estava interessando para o Brasil. Flávio nem conversou no vestiário: o treinador não vai ensinar a mim, não vai ensinar a Zizinho, não vai ensinar a Danilo, não vai ensinar a Bauer como jogar. Nem ele nem ninguém pode ensinar. Não se ensina a ninguém. Aquilo já nasce com o jogador. Flávio estava satisfeito: nosso time estava rendendo o suficiente para 0 x 0. Depois da derrota apareceram versões que me deixam horrorizado. 'Obdúlio Varela deu tapa em Bigode?' Mentira! Não deu tapa nenhum! Isso tem de ficar esclarecido.

"Responsabilizo os 11 - não o Flávio Costa. Porque fomos nós, os 11, que jogamos. Como é que se vai responsabilizar um só sujeito? Um num time de dez? O que Flávio disse no intervalo foi: se fizermos um gol, estará bom. O melhor às vezes não ganha. O Brasil perdeu para um grande time. Temos de dar valor aos outros.

"A melhor entrevista que vi dos uruguaios foi de Obdúlio Varela. Disse que o Brasil perdeu um jogo que não poderia perder. Obdúlio, campeão do mundo, foi honesto: não botou banca. É assim que deveriam ser os jogadores brasileiros que ficam acusando Juvenal ou Bigode. Não podem acusar.

"Nós, da Seleção de 50, éramos tão unidos que, uma vez, Flávio Costa dispensou todo mundo para ir para casa. Mas ninguém foi. Isso ninguém diz! Ficamos em São Januário - treinando e conversando. Já estávamos disputando a Copa do Mundo.

"Tinha político demais, na véspera do jogo, em São Januário. Já nem se falava em futebol: só se falava em política. Cristiano Machado era candidato a presidente da República. Ari Barroso prometeu emprego para todo mundo. Então, ficou política misturada com futebol. Não pode.

"A agitação em São Januário na sexta, no sábado e no domingo foi demais. Um erro foi trocar o local da concentração do Joá para São Januário. Mas este não foi o motivo da derrota.

"Depois de equilibrar o jogo, o Uruguai fez 2 x 1 com um gol que nunca vi na minha vida! Barbosa foi infeliz, coitado. Vou culpar Barbosa? Não senhor! A bola passou por onde não podia.

"Isso é que devia ser dito: os políticos foram tirar fotografia com os jogadores na concentração. Mas ninguém diz. Vão para a televisão dizer que Obdúlio Varela deu um tapa no Bigode...

"Quanto ao problema com o ônibus no dia do jogo: antigamente, o Estado tinha umas caminhonetes que eram do Maracanã. Quantas vezes a caminhonete quebrou no caminho para o Joá... Ficávamos lá esperando. Mas, no dia do jogo contra o Uruguai, não houve incidente nenhum com o ônibus. Negativo.

"Falam do silêncio da torcida. Eu, por exemplo, não gosto de silêncio: gosto de movimento. O silêncio maior se fez quando o juiz apitou. Antes, a torcida incentivou, mas, infelizmente, não deu. Não senti a onda negativa do silêncio porque o jogador, quando entra em campo, não pode ligar para a torcida. Se eu ligar para a torcida, não vou jogar nada, se ela me der uma vaia. A torcida ajuda, mas não é o que pensam. Torcida não ganha jogo!

"Aos três ou quatro minutos, arrumei uma bola na pequena área. Já estava contando com o gol. Mas, quando chutei, Máspoli tirou. Depois, dei um passe para Ademir - que jogou no canto de cabeça, mas o goleiro tirou novamente. Aos trinta minutos do segundo tempo, Zizinho driblou dois uruguaios, entrou na área, jogou no canto, mas o goleiro salvou. São lances que influem.

"Futebol não se ganha na véspera: ganha-se no campo. Fizemos todos os esquemas para ganhar o jogo. Nunca, jamais passou pela minha cabeça a possibilidade de o Brasil perder.

"Eu, Jair, digo: quem perdeu o jogo fomos nós, porque, além de nós 11, ninguém entrou em campo para jogar. Mas a Seleção de 50 só é lembrada pelo jogo contra o Uruguai, o que é uma injustiça.

"É mentira que Obdúlio Varela ganhou o jogo no grito. O que acontece é que todo mundo que ganha sempre tem um salvador, um herói. Quando o time perde, todo mundo é culpado.

"Augusto foi um grande capitão na Seleção de 50. Obdúlio Varela tinha aquele negócio de gritar: 'Tchê! Mira-te!' Dizem que ele mostrava a camisa. Mentira. Podia mostrar a camisa a quem? A mim? Não assustou ninguém!

"Não pensei em goleada, porque o Brasil fez 1 x 0 mas não estava jogando bem. Se o Brasil estivesse fazendo uma exibição excepcional... Mas estava aos trancos e barrancos. Não estávamos nos entendendo. Não sei o que havia. Quando fizemos o primeiro gol, não sei se comentei com Zizinho ou se pensei comigo mesmo: 'Não estamos jogando bem!' A verdade tem de ser dita. Continuamos jogando um futebol para trás.

"O Uruguai já estava pensando em perder para o Brasil por 3 x 1, 2 x 0. Tenho certeza. De repente, começaram a rir. Só não posso me conformar com uma coisa: é quererem culpar dois ou três jogadores.

"Não tive medo quando o Uruguai empatou porque faltava tempo. Se nosso time melhorasse um pouco, poderíamos ganhar o jogo. Mas não melhorou. Fomos até o fim com aquele esquema.

"O Uruguai fez 2 x 1 quando já faltava pouco tempo para o fim do jogo. Ainda chegamos, por duas vezes, praticamente dentro do gol do Uruguai, mas não marcamos. Se eu tivesse feito o gol naquele córner no último lance da partida, o Maracanã cairia. Veja só em quem fui pensar: em Baltazar! Porque a bola raspou a minha cabeça. Baltazar, um emérito cabeceador de 1,80m, teria feito o gol.

"Se eu tivesse feito aquele gol, eu seria o herói, o salvador da pátria, o melhor jogador do mundo. Eu e a Seleção - que teria conquistado a Copa do Mundo. O futebol é ingrato.

"Naquela bola, eu pulei adiantado. Pulei na frente de Máspoli, o goleiro do Uruguai - que tinha ficado na espera da bola. Pulei na frente, vi a bola raspar a minha cabeça! Não pensei que ia fazer o gol, porque a bola veio alta. Quando Máspoli segurou a bola, o juiz apitou o fim do jogo.

"Quem ganhou o jogo não foi Obdúlio Varela, mas Ghiggia e Schiaffino! O brasileiro precisa perder essa mania de Obdúlio Varela. Eu até gostaria que ele fosse o pai da criança, mas quem ganhou foram os dois jogadores que marcaram os gols do Uruguai.

"O Brasil teve quatro, cinco, seis chances de fazer um gol - eu, inclusive, assim como Zizinho e Ademir. Obdúlio Varela ficou marcado. Mas, para mim, o melhor jogador do Uruguai foi Julio Perez. Vejo o futebol de quem produziu. Para mim, campeão do mundo é quem fez o gol. Ghiggia fez um gol impossível. É uma dessas coisas que só acontecem de cinquenta em cinquenta anos. Mas aconteceu.

"Terminada a partida, a gente não sabe se chora ou se dá risada. Porque chora e ri ao mesmo tempo. Eu chorei. Não choro para debochar do adversário. É chorar porque eu poderia ser campeão do mundo pelo Brasil.

"Depois, fui para casa, em Madureira. De lá, segui com meus pais para Barra Mansa, onde meus irmãos me confortaram muito. Só fui me esquecer da derrota na Copa de 1954, quando vi a Hungria, favorita, perder. Vi, então, que o futebol tem os seus segredos assim: nem sempre o melhor ganha. Passei a aceitar o que tinha acontecido.

CINCO FILMES EM CARTAZ EM 16 DE JULHO DE 1950:

1. *"Rivais em fúria"* (com Yvonne de Carlo)
2. *"Nada além de um desejo"* (com Bing Crosby)
3. *"Escravos da ambição"* (com Glenn Ford)
4. *"Pecadores dos mares do Sul"* (com MacDonald Carney)
5. *"Elísia, o vale dos nudistas"* (o anúncio no Diário Carioca dizia: «Este filme tem objetivos e ideais sadios, morais e benéficos - mostrando que expor o corpo ao sol somente traz saúde!»)

"Eu me lembro que, na saída, ainda no vestiário do Maracanã, apareceu uma moça _ que mandou me chamar. Era filha de um general do Exército, uma moça da alta sociedade. Fiquei preocupado quando soube que ela estava me chamando. Eu estava num canto mudando de roupa. Nem banho tomamos. Só fomos tomar banho em São Januário. Vesti o meu calção, fui atender a moça - que me abraçou chorando. Começamos a chorar os dois. Não sei como ela conseguiu entrar. A moça me confortou, me abraçou chorando. A cena foi sensacional. Devia ter televisão naquela época. Ela me disse: 'Futebol é ingrato'. Ficou me consolando. Repetia que o Brasil deveria ter vencido. Depois, escreveu uma carta ao *Diário de Notícias* sobre o jogo. Só faltou dar a Copa do Mundo ao Brasil. Aquilo me confortou.

"Mas não guardei essas coisas comigo, porque são tristes. Não tenho nada nem troféu. Quando eu cheguei em casa, depois do jogo, encontrei todo mundo chorando. Eu não tinha filho. Ganhei um filho no ano seguinte. Resolvi emendar as duas coisas: Copa do Mundo eu não ganho, mas ganho filho. De qualquer maneira, não me esqueço nunca da Copa do Mundo de 1950. Porque foi o único título que me faltou.

"Meu único pensamento, no vestiário, era: 'Perdemos a Copa do Mundo'. Nessa hora, não se olha nem para o companheiro. Porque ele estava chorando. Todo mundo chorando é duro. A própria saída do campo já foi triste. A gente não pensa na torcida: porque você é que vai receber o diploma de campeão do mundo - não é o torcedor. Você pensa: 'Duzentas mil pessoas! E perdemos o campeonato do mundo!' É difícil. Então, você atravessa aquele túnel, chega ao vestiário, tira a roupa e começa a chorar.

"Tinham feito promessas aos jogadores da Seleção de 50. Ari Barroso - que era vereador - prometeu emprego para todo mundo na Prefeitura. Como o Brasil começou a jogar bem, ele desapareceu. O emprego ficou sem efeito. Quando estávamos na concentração no Joá, as visitas prometiam essas coisas durante almoços. Eu - que não acreditava muito - dizia ao pessoal: 'Não me fio nesse negócio de emprego. Porque é muito vago'.

"O que fizemos foi um contrato com a Coca-Cola. Depois que fiz um gol, ganhei um lustre de cristal, que ficou na minha casa. Não era promoção. O lustre era para quem fizesse gol. Fiz e ganhei. Era um presente de uma casa de lustres chamada Simão. Também falam em terreno. Mas este eu nunca vi.

"Aliás, botei o lustre de cristal para ser leiloado, porque o dinheiro da venda poderia ser dividido. Tudo que se ganhava deveria ser leiloado. Mas os próprios jogadores não quiseram. O lustre custava caro, mas, dividido por 22, ficava uma coisa irrisória... Guardo o lustre até hoje, com carinho. Ganhei depois de marcar um gol contra o México.

"Pedi a Augusto, nosso capitão, para rifar. Mas os jogadores disseram: 'Não, bota em casa, fica bonito'.

"Do lustre eu sei, porque quis botar para vender e não quiseram. Como é que Chico ganhou o terreno eu não sei.

"Gostávamos de jogar baralho na concentração. Porque o problema com o jogador é dentro do campo: fora do campo é distração.

"Depois, quando fui técnico, eu dizia aos jogadores: 'Você tem que render dentro do campo o que você rendeu no jogo de baralho!' Lá em São Januário, a gente ia ficar o dia inteiro olhando o quê? A gente, então, sentava para jogar baralho, na brincadeira, mas Flávio Costa não gostava. Era um homem duro. Sempre foi. Não gostava de jogo. A gente o tratava de 'senhor'. Em Araxá, então, jogamos muito baralho. Vicente Feola era nosso vigia.

"Mas, em São Januário, no final da Copa, não jogamos baralho, porque não existia lugar. Não se podia jogar no salão de refeições. Só se fosse no banheiro.

Como é que iam entrar nove no banheiro, para jogar? O jogo era apostado: um, dois cruzeiros.

"Nossa Seleção já estava preparada para a vitória. A revista O *Cruzeiro* - a melhor do Brasil, na época - já tinha reservado um carro para cada jogador brasileiro campeão do mundo. Durante uma semana, a revista acompanharia 'a vida de um campeão'. Para onde eu fosse, teria um carro da revista, com chofer, à minha disposição. Um dia antes do jogo, me avisaram: 'O carro da revista O *Cruzeiro* estará à disposição na segunda-feira'.

"Sou muito católico. Todo domingo vou à missa. Lá no Vasco da Gama existia uma imagem de Nossa Senhora da Vitória, porque acharam que ela protegia o time. Confundem vitória com santo e santo com vitória.

"Em futebol, pede-se ajuda a Santo Antônio ou a São Jorge para ganhar uma partida. Quando se ganha o jogo, leva-se uma porção de ofrendas para o santo. Quando se perde, não se leva nada. Todo mundo achou que deveria ir à sala de Nossa Senhora da Vitória para se benzer e ganhar o jogo.

"Todo domingo eu e Friaça íamos à Igreja de São Januário, para rezar. Em todos os jogos anteriores do Brasil, fomos à igreja - eu e Friaça. A gente levantava cedo, tomava café e ia à missa. Depois que vinha da missa, passava pela imagem de Nossa Senhora da Vitória, no Vasco, para rezar também.

"Só não fui à igreja no dia do jogo contra o Uruguai. Mas não foi por esse motivo que não ganhamos. Fiquei na missa rezada na concentração. Bebi o vinho. Mas sabia que nossa santa não tinha nada a ver com aquilo. Quem tem são os homens. Eu quero é que, no jogo, ninguém se machuque, ninguém quebre a perna, ninguém fique cego. Mas pedir à santa para ganhar? Ora, a santa vai me ajudar, mas vai ajudar ao outro também. Porque santa não entra em jogo.

"Não senti falta de orientação dentro do campo. Em primeiro lugar, técnico não entende nada de futebol. A verdade é essa. Quero ver alguém me ensinar o que é que eu tenho de fazer com a bola. Bater um córner, por exemplo!

"Barbosa - que não teve culpa nenhuma - teve azar no gol de Ghiggia. Se tivesse uma agulha junto com a bola, não passaria. Só passou a bola. Além de Barbosa, nós, os outros dez, somos azarados, porque perdemos uma Copa do Mundo na inauguração do Maracanã - uma derrota inédita.

"Depois que perdi a Copa, fiquei pensando assim: 'Posso disputar outra Copa do Mundo. Posso ganhar. Vou para a Copa de 54. Eu me preparei'. Mas fui esquecido.

"Do time de 50, o único chamado foi Bauer. Viajou machucado, sem poder jogar. Barbosa - que estava jogando muito - não foi. Zizinho - que estava jogando muito - não foi. Danilo - que estava jogando muito - não foi. Nós não fomos chamados nem para treinar.

"O Brasil não suporta ser vice-campeão."

"Tive um pressen[timento]
Quando o Brasil e[ntrou]
a derrota já estav[a...]

O ponta-esquerda Chico quer contar um segredo dos bastidores da tragédia de 50.

- O que eu vou dizer ninguém vai achar em livro - garante. Chico primeiro repete a recomendação que ouviu de Flávio Costa:

- Nosso treinador disse a Bigode que exigia disciplina. Se houvesse derrota com indisciplina, o indisciplinado seria o responsável. Se houves-

**mento estranho.
trou em campo,
escrita."**

se derrota com disciplina, ele, o treinador, seria o culpado. Bigode, então, modificou o estilo de jogo.

"Quando o Brasil estava ganhando por 1 x 0, tive um pressentimento: o Uruguai iria ganhar o jogo. Lá dentro do campo, pedi o apoio de Ademir e Zizinho porque eu ia tirar Obdúlio Varela de campo. Todos nós sabíamos que Obdúlio Varela era a chave do time do Uruguai. Um jogador que exercia comando, o líder absoluto. Eu conhecia bem o gênio daqueles uruguaios. Bastava que eu desse uma entrada desleal no Obdúlio - e pronto. Tenho certeza que ele não resistiria. Mas aí meus companheiros perguntaram se eu tinha esquecido a ordem da disciplina dentro do campo. Eu sabia que, se o Brasil depois ganhasse, eu seria herói. Se o Brasil perdesse com a minha expulsão junto com Obdúlio Varella, eu teria de dar uma satisfação à torcida; eu não iria poder nem sair de casa."

Chico garante que fatos ocorridos fora do gramado também pesaram sobre os 11 jogadores brasileiros.

- A discussão provocada pela divisão do lustre de cristal teve responsabilidade sobre nossa derrota. Os jogadores que atuavam na frente tinham direito a prêmio. Os da defesa não tinham. Então, ficou decidido que haveria uma cota única para todos os jogadores. Os prêmios seriam divididos igualmente entre todos. Mas não foram.

Chico se recusa a citar nomes.

O ex-ponta-esquerda da Seleção pede para não falar no lustre. Mas não saiu da Copa de mãos vazias: ganhou um terreno, por ter feito um dos gols da campanha do Brasil.

A lembrança do pesadelo é maior que a alegria fugaz de um prêmio.

- Para que se tenha uma ideia de como sofri, basta dizer que passei uma semana sonhando que o jogo não tinha começado ainda. E a gente já tinha perdido a Copa. Ninguém pode imaginar o quanto sofri.

"Nós demos, em 1950, um grande passo para sermos campeões do mundo depois. Sou suspeito para falar, porque estava na Seleção, mas o Brasil tinha um grande time. Mas a derrota de 50 jamais será vingada. Não existirá vingança. Tínhamos time, mas faltou uma coisa, na hora principal: direção. Não gostaria de dar nomes, porque, tantos anos depois, fica deselegante, mas nossa administração fracassou. Copa do Mundo se ganha com disciplina - mas disciplina até certo ponto. Uma falha que eu não perdoo.

"Vão desmentir porque é fácil desmentir. Mas nosso treinador, já na reta final, no intervalo do primeiro para o segundo tempo, disse a Bigode que exigia disciplina. Se houvesse derrota com indisciplina, o indisciplinado seria o responsável. Ora, Bigode sempre jogou na base da virilidade. Quando voltamos para o segundo tempo, Bigode estava procurando se plantar na frente de Ghiggia - que começou a jogar a bola por um lado para apanhar do outro. A recomendação sobre a disciplina foi um dos principais fatores da derrota. Bigode modificou o tipo de jogo que ele sempre jogou.

"Não houve um fator que possa ser apontado, isoladamente, como causa da derrota. Houve vários, mas todos de ordem administrativa. Mas é claro que quem perdeu a Copa do Mundo fomos nós, os jogadores, dentro do campo. Não podemos fugir a essa responsabilidade. Assumo inteiramente a minha parte. Mas, fora do campo, o futebol foi várias vezes confundido com outros assuntos.

"Uma derrota como essa nos deixa frustrados como jogadores, como brasileiros, como patriotas. A minha frustração foi até maior como patriota do que como jogador.

"Depois da Copa, continuei atuando como jogador. Mas, como patriota, eu tive a chance de ser campeão mundial.

"Quando faltavam poucos minutos para o jogo acabar, veio uma bola cruzada da direita. Parti para chutar de primeira no outro canto. Fui na certeza de que faria o gol. Mas Ademir apanhou a bola na minha frente. É claro que ele foi com a mesma vontade que eu, para fazer o gol, mas ele matou a bola! Como não pôde chutar, ele me passou. Mas aí Máspoli - que já tinha fechado o ângulo - mandou a bola para córner. Não posso dizer que não iria errar. Mas, se chutasse de primeira, seria gol, porque Máspoli estava em um canto e eu iria bater no outro, a um metro da pequena área. Eu me lembro claramente. Zizinho deu a Danilo; Danilo deu a Friaça; Friaça cruzou. Cheguei a gritar para Ademir. Com uma ânsia igual à minha, Ademir travou a bola, mas não pôde chutar.

> **PROPAGANDA ELEITORAL NO DIA 16 DE JULHO DE 1950:**
>
> "Desportista! Amparar, desenvolver e incentivar iniciativas novas no setor de esportes é um dos pontos do programa do brigadeiro! Para presidente da República, vote no brigadeiro Eduardo Gomes."
>
> Fonte: *Diário Carioca*

"Nós estávamos concentrados na estrada Niemeyer. O contato com os jogadores era difícil. A condução era dificílima. Naquela época, pouca gente tinha automóvel. Não sei por que a concentração foi mudada para o Vasco em São Januário. É aí que entra o dedo da direção, nesse erro. Passou a existir uma frequência diária de visitantes na concentração. Tínhamos de fugir porque já estávamos cansados de tanto dar autógrafos. Atender os torcedores era um prazer, uma alegria, porque a gente sabia que essa gente tinha vindo de longe. Tínhamos de atender, mas aquilo estava nos prejudicando. Sem dúvida, a movimentação na concentração era maior do que deveria. Evidente. Houve reuniões e apresentações de políticos na concentração.

"Nenhum jogador participou da mudança da concentração para São Januário. Não fomos ouvidos. A mudança foi automática. Quando vimos, já estávamos transferidos. O estádio de São Januário era uma concentração boa - ótima, até - mas ficava num ponto de fácil acesso. Então, a mudança nos trouxe prejuízo. Éramos apresentados a vereadores, deputados, candidatos. A politicagem nos prejudicou.

"Não éramos tão assediados como passamos a ser depois da vitória sobre a Espanha - um espetáculo. O Brasil entrou com um preparo psicológico perfeito. O assédio maior ocorreu antes da final.

"Nossa Seleção é lembrada pela derrota contra o Uruguai, o que é uma injustiça. Barbosa foi um dos goleiros mais completos que conheci. Só tomou o segundo gol pela categoria e a classe que ele tinha. Se não tivesse classe e categoria, não teria tomado. Pelo seguinte: o primeiro gol do Uruguai nasceu de uma jogada em que Ghiggia deu para trás, para outro atacante, depois de ir à linha de fundo. Ghiggia fez a mesma jogada no segundo gol. Como Barbosa tinha uma classe espetacular, se antecipou, porque percebeu que não tinha ninguém na marcação. Ghiggia pegou mal na bola, fez o gol.

O TIME DO BRASIL NA FINAL:

Barbosa, Augusto e Juvenal; Bauer; Danilo e Bigode; Friaça, Zizinho, Ademir, Jair e Chico.

Técnico: Flávio Costa

URUGUAI:

Máspoli; Matias Gonzalez e Tejera; Gambeta, Obdúlio Varela e Rodrigues Andrade; Ghiggia, Julio Perez, Miguez, Schiaffino e Moran.

Técnico: Juan Lopez

OS CAPITÃES DOS TIMES:

Augusto (Brasil)

Obdúlio Varela (Uruguai)

O JUIZ DA FINAL:

George Reader (Inglaterra). Bandeiras: Arthur Ellis (Inglaterra), Gumar Ahler (Suécia)

"Houve um problema ligado aos prêmios. Ofereciam prêmios por gols marcados. Zizinho ganhou terreno, eu ganhei terreno, Ademir ganhou terreno. Mas um lustre de cristal teve responsabilidade na nossa derrota. Só posso dizer que esse lustre teve uma grande responsabilidade. Os jogadores da linha ganhavam prêmio por gols. Os da defesa, não. Fui o intermediário: Noronha falaria com o pessoal de São Paulo; Augusto falaria com o pessoal do Rio. Fizemos uma cota única. Os prêmios seriam dos 22. Quem ganhasse um prêmio de 22 milhões teria de dar 21 ao resto do grupo. Isso foi conversado com Flávio Costa. Ficou combinado. Mas acontece que o acordo não foi cumprido.

"Não sei por que, tive um pressentimento: o de que o Uruguai ganharia.

"Pedi a Ademir e a Zizinho para tirar Obdúlio Varela de campo. Eu daria uma entrada em Obdúlio. Isso aconteceu dentro do campo. O técnico não tomou conhecimento. Poderia ser pior também: o Brasil perder por três ou quatro. Eu poderia ser massacrado dentro do campo.

"Não posso deixar de dizer, porque vi: um jogador do Brasil levou um tapa de Obdúlio Varela. Por que ele diz que não levou, eu não sei.

"Mas levou, eu vi. [Chico prefere não citar o nome.]

"Aliás, Obdúlio deu um cascudo. Os uruguaios tinham essa maldade. Davam um tapa, davam soco e cuspiam. Depois, diziam que estavam acariciando. Mas nunca admiti essa carícia comigo. Eu estava próximo do lance quando tudo aconteceu. Cheguei a pedir a Obdúlio Varela que fizesse comigo.

"Os jogadores saíram chorando. Outros não conseguiram dormir. Passei uma semana quase sem dormir. Não encontro explicação alguma para o pressentimento que tive de que o Brasil iria perder. Não sou supersticioso, mas tive o pressentimento da derrota. Quando o Brasil entrou em campo, aquilo já estava escrito: íamos perder. Não tinha alternativa.

"Fiz a proposta de tirar Obdúlio de campo. Os jogadores tinham um certo temor da autoridade de Flávio Costa. Nosso técnico era disciplinador. Todo mundo obedecia a ele cegamente - inclusive eu. Se fosse para desobedecê-lo, eu faria algo sozinho. Não procuraria o apoio de ninguém. Mas achei que era risco demais fazer algo sozinho.

"Quando o Uruguai desempatou, todos nós estávamos conscientes do que poderia nos acontecer em caso de derrota. Tanto é que até hoje sofremos.

"Quando o jogo terminou, não chorei, mas tive uma emoção tão grande que não sei explicar até hoje. Fui para casa, não saí. Ver Danilo chorar me traumatizou. Fiquei traumatizado nos dias seguintes. Comecei, então, a ter os sonhos em que o jogo ainda não tinha começado. Ainda íamos jogar contra o Uruguai. Eu dormia mal. Ficava acordando de noite. Mas nunca sonhei com o Brasil ganhando.

"Ganhei um terreno na Copa. E só. Mas ouvi promessas. Os políticos ofereciam emprego. Dariam emprego na cidade de origem de cada jogador. Uma vez, no Maracanã, iam fazer uma coleta de dinheiro para os jogadores. Era o que a gente ouvia falar.

"Ari Barroso era um dos que prometiam empregos. Não digo que ele fosse dar emprego para todos os jogadores, mas alguma coisa ele faria.

"Eu soube por terceiros que houve o silêncio no Maracanã. Dentro de campo, em meio aos gritos, a gente só sente quando nos chamam pelo nome. Fora daí, a gente quase não escuta nada, porque concentra a atenção toda no jogo, principalmente quando se disputa uma Copa do Mundo.

"O que aconteceu depois do segundo gol do Uruguai foi diferente. Porque não se escutava barulho nenhum. Era o contrário do que se queria.

"Vejo colegas dizerem que torcida ganha jogo. Pode até dar um ânimo. Mas pergunto: se o jogador não estiver com o preparo físico perfeito; se não estiver preparado psicologicamente para enfrentar uma partida dura, vai ganhar com os gritos da torcida?

"O silêncio da torcida poderia ter influído no primeiro tempo, como forma de estímulo para que o time ganhasse o jogo no segundo tempo. Não culpo a torcida.

"Tínhamos como certa a Copa do Mundo. Depois da derrota, passamos a ver tudo de outra maneira. Não existia facilidade. Fomos obrigados a aprender o que é o amargor de uma derrota.

"O maior orgulho de um jogador de futebol é fazer parte do escrete brasileiro, principalmente quando se trata de defender a pátria. Não pude dar a ela o título, mas tenho orgulho de ser vice-campeão. Dei alguma coisa de mim para que, depois, o Brasil fosse campeão.

"Só me considerei derrotado quando acabou o jogo. Fico pensando no gol que Ademir quis fazer também.

"Eu era extrema-esquerda, mas chutava com mais certeza com a perna direita. Não sou canhoto. Eu jogava nas cinco posições. Terminei me consagrando na ponta-esquerda, mas comecei a jogar na ponta-direita. Os meus maiores gols foram com a perna direita. Com a perna direita eu ia chutar aquela bola. Ademir tomou a frente, na ânsia de fazer o gol da vitória. Em todo caso, se ele soubesse na hora que eu estava numa posição melhor para receber a bola lançada por Friaça, teria deixado. A bola vinha para mim. Eu empataria o jogo. Daria a Copa do Mundo ao Brasil.

"Não tenho a menor dúvida."

OS DEPOIMENTOS DOS JOGADORES QUE DISPUTARAM A FINAL DA COPA DE 50 E DO TÉCNICO FORAM COLHIDOS NOS SEGUINTES LOCAIS E DATAS:

Barbosa (Rio de Janeiro, 19/7/86) | Augusto (Rio de Janeiro, 23/6/86)
Juvenal (Salvador, BA, 27/5/87) | Bauer (São Paulo, 15/7/87)
Danilo (Rio de Janeiro, 5/6/86) | Bigode (Rio de Janeiro, 14/6/86)
Friaça (Porciúncula, RJ, 13/9/87) | Zizinho (São Gonçalo, RJ, 25/6/86)
Ademir (Rio de Janeiro, 13/6/86) | Jair (Rio de Janeiro, 11/6/86)
Chico (Rio de Janeiro, 31/5/86) | Flávio Costa (Rio de Janeiro, 3/9/86)

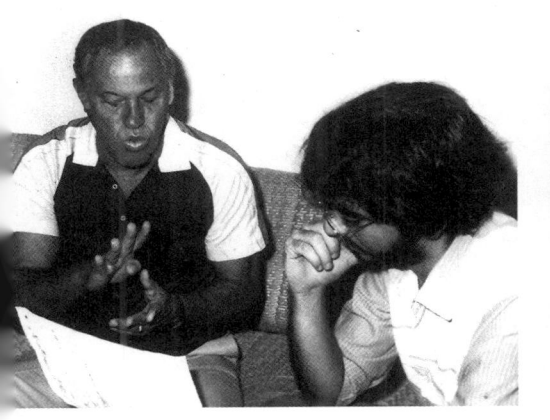

Ademir

Danilo

Bigode

Jair

"Nem o general de explicar tanto Brasil na Guerra

O general Solano López, comandante do maior exército da América Latina, perdeu a Guerra do Paraguai (1864-1870). Terminou abatido por um cabo brasileiro com nome de personagem de literatura de cordel: Chico Diabo. O técnico da Seleção Brasileira na Copa de 50, Flávio Costa, perdeu o título para o Uruguai, uma Seleção que só chegou à final aos trancos e barrancos, sob o comando de um jogador atrevido com nome de personagem de tango argentino: Obdúlio Vare-

Solano López teve a derrota para o do Paraguai."

la. Deve ser por essa razão que Flávio Costa cita o general Solano quando começa a falar do que aconteceu no dia 16 de julho de 1950.

— Nem o general Solano López teve de explicar tanto a derrota paraguaia para o Brasil na Guerra do Paraguai - vai dizendo Flávio Costa. - A verdade é que o Brasil nunca foi inferior ao Uruguai em lance nenhum. O Brasil apresentou um futebol rápido, alegre, ligeiro. Deu ao mundo uma demonstração de que era um povo civilizado, capaz de cultivar o futebol com um carinho enorme. Além de tudo, construir o Maracanã naquela época foi uma demonstração de arrojo. O problema é que a vitória estava consignada antes do jogo. Veio, então, a decepção. Ora, jogos são ganhos dentro do campo. Não há outra solução. Houve um silêncio enorme no Maracanã nos gols uruguaios. O público se decepcionou - e transmitiu a decepção aos jogadores. A Seleção sentiu o choque. Traumatizados, os jogadores não ficaram habilitados a reagir diante do Uruguai.

"Quanto às recomendações que fiz aos jogadores, quero dizer que, se eu não quisesse jogador vigoroso, não teria usado o Bigode. Quando chamei Bigode, pensei em aproveitar suas características. Jamais mudar nada. Não responsabilizo Bigode por coisa alguma. Barbosa era um jogador maravilhoso. E Obdúlio Varela não ganhou o jogo no grito. Ganharia se o jogo fosse disputado na frente de um microfone, no rádio. Naquele dia, os gritos de Obdúlio coincidiram com os gols que entraram. Em outros jogos, Obdúlio gritou, gritou - e perdeu. Eu, depois daquele jogo contra o Uruguai, perdi a possibilidade de não ser incomodado o resto da vida pela Copa de 50. Jamais recebi sequer uma carta de agradecimento da CBD pelo trabalho que fiz com aquela Seleção.

"A imprensa europeia que veio ao Brasil em 50 levou daqui uma impressão inesquecível, porque viu um futebol diferente daquele que conhecia. Apresentamos um futebol rápido, alegre, ligeiro - diferente do futebol medido e compassado que se jogava na Europa.

"Não se deve ver uma derrota esportiva como uma tragédia nacional. Há quadros terríveis em nossa História. Fui uma vez a um programa na TV Educativa. Eu era, quase, a estrela do programa, porque o Brasil ia jogar no dia seguinte contra a Espanha, na Copa do México, em 86. De repente, começou a falar, no programa, uma senhora que era mãe de um padre assassinado no Bico do Papagaio, em conflito de terra. A mulher contou histórias tão dramáticas que todo o apogeu do futebol desapareceu. De estrela, passei à condição de um medíocre ouvinte. Porque a senhora tomou conta de tudo. Cito esta passagem para dizer que o futebol não chegou a ser uma tragédia em 1950. O que aconteceu foi a tristeza depois de uma festa antecipada. O povo participou porque o futebol empolga. Não pudemos levantar a taça, mas colhemos benefícios na Copa de 50. Não chego, então, a considerá-la uma tragédia tão profunda. O 16 de julho de 1950 foi um dia de luto esportivo que não atingiu, no entanto, o âmago de coisa alguma no Brasil.

"Pelo contrário: o Brasil deu ao mundo uma demonstração de que era um povo civilizado, capaz de cultivar o futebol com um carinho enorme. Um país que praticava um futebol elegante e alegre. Pela primeira vez no mundo, viu-se um estádio com 200 mil pessoas, o que era uma novidade. Os antropólogos nem sempre entendem da parte esportiva. O que eles dizem, nesse caso, para mim, não tem a menor importância.

"O Brasil competia com o Uruguai - agora, compete menos. Durante um período, estivemos numa posição de inferioridade em relação a eles. Porque os uruguaios ganharam o título em olimpíadas anteriores, além de terem conquistado a Copa do Mundo de 1930. Eram considerados força dentro do futebol sul-americano, como são considerados até hoje. Brasil, Uruguai e Argentina são forças semelhantes dentro do futebol sul-americano, cada um com um estilo.

"As explicações que se dão para o jogo Brasil x Uruguai são iguais às que se dão quando, num jogo Flamengo x Bonsucesso ou Flamengo x Vasco, o favorito perde. Dentro de campo, Brasil e Uruguai fizeram um jogo igual. A formidável campanha do Brasil nos jogos anteriores é que acabou criando uma dificuldade.

"O Brasil vinha de duas vitórias indiscutíveis, contra a Suécia e contra a Espanha. Não tinha nada a corrigir. Já o Uruguai teve uma campanha difícil. Diferentemente do que acontecia com o Brasil, o Uruguai vinha cheio de preocupações. Primeiro, tinha de lidar com seus próprios erros. Depois, tinha a necessidade de parar a equipe brasileira. O Uruguai, então, fez uma formação cautelosa para parar o ataque brasileiro. Se conseguissem, já estariam satisfeitos. Em contra-ataques, conseguiram mudar o placar. Futebol é assim.

"Tecnicamente, o Uruguai jogou com muito mais cautela do que nós. Quando fizemos o primeiro gol, os lenços foram sacados, porque a impressão que se deu é de que o Brasil começava, ali, uma série de gols. Tal impressão explica o silêncio que se seguiu já ao primeiro gol do Uruguai: a decepção era grande. O público transmitiu a decepção aos jogadores - que sentiram o choque. Os uruguaios, então, se aproveitaram daquela indecisão, daquele amolecimento brasileiro.

"Os uruguaios conseguiram o segundo gol. Nossa reação foi desordenada. Perdemos dois ou três gols feitos, o que encheu os uruguaios de uma força defensiva ainda maior. Além de tudo, o silêncio da torcida transmitiu uma onda negativa. Os jogadores são humanos.

"O Brasil, como país-sede da Copa, se esforçou um bocado para fazer uma boa impressão. O país se tornou centro do mundo. Tinha de selar tudo aquilo com a vitória. Creio que este foi o pior aspecto da derrota.

"As versões que surgem para a derrota são sempre políticas. A gente vê a todo momento: 'O Brasil perdeu o jogo porque mudou de concentração.' Ora, para onde é que foram? Os jogadores saíram de uma casa adaptada, no Joá, para o Estádio de São Januário, onde existia departamento médico, campo para treinamento, tudo o que era essencial a um jogador de futebol. Quando estávamos no Joá, tínhamos de pegar uma Kombi e atravessar o trânsito, para ir treinar. Lá em São Januário, o sujeito se levantava, ia para o refeitório, comia lá e caminhava - de calção mesmo - para o campo, sem problema algum.

"Uns dizem que a derrota aconteceu por causa da mudança. Outros dizem que foi por causa do discurso longo do prefeito Mendes de Morais. Outros falam dos políticos que foram à concentração com a promessa de dar uma casa para cada jogador. Há ainda os que dizem que foi por causa de Bigode - que jogou devagar. O problema não é nenhum desses. A partida foi vencida e perdida dentro do campo! Os políticos oferecem casas desde 1500.

A CAMPANHA DO BRASIL:

Primeira Fase:

Brasil 4 x 0 México (Maracanã)

Brasil 2 x 2 Suíça (Pacaembu, SP)

Brasil 2 x 0 Iugoslávia (Maracanã)

Turno Final:

Brasil 7 x 1 Suécia (Maracanã)

Brasil 6 x 1 Espanha (Maracanã)

Brasil 1 x 2 Uruguai (Maracanã)

"Eu militei durante 50 ou 60 anos dentro do futebol. Das coisas más, eu me esqueço. Ao contrário do que diziam, eu não era um sujeito vaidoso ou prepotente.

"Os jogadores com quem trabalhei têm emoção ao falar comigo, 'o velho professor'. Só guardo as coisas boas. Procurei ser eficiente e cumpridor. Porque achava que o treinador era um sujeito que tinha que trabalhar. Eu não era teórico: era treinador de campo. Quando cismava que um jogador precisava aprender determinada coisa, eu o levava para o campo, até ele aprender. Revelei uma porção de jogadores. Treinei, também, jogadores desmoralizados até que eles ficassem em condições.

"Dizem bobagens sobre a orientação que dei na final contra o Uruguai. É como se eu tivesse mandado Bigode botar batom. 'Bigode foi constrangido porque nunca usou batom, mas Flávio mandou...' Bobagens! Bigode era um jogador vigoroso, dentro do sistema em que os laterais marcavam os extremas. Se eu não quisesse jogador vigoroso no time, não teria usado Bigode. Eu tinha a opção de usar Noronha, um jogador completamente diferente do Bigode. Era um jogador de colocação, não era de marcação. Já Bigode marcava com vigor. Os gols saíram pelo lado de Bigode por um problema conjuntural. O problema é de sistema. Ghiggia, um jogador driblador e habilidoso - da categoria de Garrincha -, nos encheu de dificuldades, possivelmente por um defeito individual. Bigode jogou maravilhosamente contra a Suécia.

"O que se via no Brasil, contra o Uruguai, era muito mais um problema de ataque do que de Bigode. Os uruguaios jogavam na defensiva. Em momento nenhum o Brasil esteve inferiorizado, a não ser na ocasião em que levou os gols. Ainda assim, reagiu. Com um jogo cauteloso, o Uruguai tinha conseguido parar o time brasileiro no primeiro tempo. Nosso problema, então, era mais de ataque do que de defesa.

"Não havia preocupação maior com Bigode ou com o Augusto. Nosso problema era do meio do campo para a frente. Depois, vieram as escapadas de Ghiggia, com os gols do Uruguai. Se tivessem acontecido no primeiro tempo, talvez fosse necessário ter uma preocupação maior com aquele setor.

"Já minha teoria como treinador de futebol era esta: jogador não entra em campo para fazer discurso, para opinar, para reclamar do juiz ou para dar vazão aos seus instintos. Jogador entra em campo para jogar. Eu, então, não aprovava nada de extra que eles fizessem.

"Há esta lenda de que um jogador brasileiro iria tentar tirar Obdúlio Varela do jogo. Eu não apoiaria, absolutamente, esta atitude. O brasileiro não tinha nada que fazer uma coisa assim. Tinha era que procurar fazer os gols quando as chances se apresentassem. Quanto a essas reuniões dentro de campo, se existiram, eram malfeitas, porque jogador não entra em campo para fazer reunião. Além de tudo, Obdúlio Varela nunca foi um grande espantalho para os brasileiros. Passou a ser, daquele dia em diante. Os brasileiros passaram a temer Obdúlio Varela do 16 de julho em diante. Antes, não temiam. Obdúlio Varela jogou 30 ou 40 vezes contra o Brasil. Nunca serviu de espantalho para coisa nenhuma. Obdúlio - de fato - ganhou a partida, mas ganhou junto com Gambetta, Tejera, Miguez, Ghiggia, Schiaffino, um grupo de bons jogadores. É o que digo: se o jogo fosse disputado no rádio, talvez o grito de Obdúlio desse resultado.

"Quando perde, o jogador diz que o juiz roubou. Ou que o vento soprou, o campo estava ruim, a chuteira não tinha trava. Não vai dizer: 'Perdemos porque jogamos mal'. Mas esta, no fundo, é sempre a realidade. Qualquer jogador, por melhor que seja, tem sempre um dia em que não acorda bem. Como aquilo é interligado, um jogador que não joga bem acarreta dificuldades para outro - e assim por diante. Futebol é assim!

"Então, é preciso ver as causas e consequências, antes de discutir se a culpa é ou não de fulano. Barbosa, por exemplo, era um jogador maravilhoso. Poderia não ter engolido aquela bola. Pode ter pensado que Ghiggia ia dar um passe. Como vinha com efeito, a bola passou pela mão de Barbosa - que não pôde desviá-la. Barbosa defendia mil bolas iguais àquela. Se tivesse defendido, a história seria outra.

A CAMPANHA DO URUGUAI:

Primeira fase:

Uruguai 8 x 0 Bolívia (Peru e Equador - que participariam do grupo - desistiram de viajar ao Brasil para participar da Copa.)

Turno final:

Uruguai 2 x 2 Espanha

Uruguai 3 x 2 Suécia

Uruguai 2 x 1 Brasil

"O otimismo estava tão enraizado em todo o público que, se alguém dissesse que ia apostar no Uruguai, teria a roupa rasgada. Porque pareceria provocação.

"Naquele ano, ia haver uma eleição movimentada. O presidente era Dutra. Quem ganhou a eleição foi Getúlio Vargas. Ademar de Barros era um dos candidatos. Jogador não tem nada a ver com a exploração política. As promessas, se foram feitas, não tiveram influência na partida. Só passaram a ter porque o Brasil perdeu o jogo. E se o Brasil tivesse vencido a partida? Quem é que ia se preocupar com o sujeito que fez promessa? Iam até querer cobrar o que foi prometido: se prometeram as casas, teriam de dar.

"Eu, pessoalmente, não perdi nada. Só perdi a possibilidade de não ser incomodado o resto da vida por causa da Copa de 50. Eis a coisa mais importante que perdi. Se alguém perguntar a Zizinho ou a Ademir o que é que eles iriam ganhar, é possível que eles tivessem pensado em ganhar até o Pão de Açúcar. Mas a eles nada foi prometido - nem bicho. Não se discutia prêmio naquele tempo. Não ganhamos nada. Não ganhei nem carta de agradecimento da CBD. Eu trabalhava com o ordenado que ganhava no meu clube.

"Eu era treinador do Vasco. Quando o campeonato carioca recomeçou, o meu time - que tinha oito jogadores da Seleção - perdeu os três primeiros clássicos, porque estava abalado. O Vasco tinha Barbosa, Augusto, Danilo, Eli, Maneca, Ademir, Chico e Alfredo. Depois de perder para o Botafogo, Fluminense e América, o Vasco terminou campeão.

"Eu não jogava: dirigia a Seleção Brasileira. Como dirigente, eu tinha a obrigação de ser forte para consertar os jogadores que pudessem estar abalados. Porque eles tinham tudo a ganhar, se tivessem conquistado a Copa.

"A Seleção Brasileira de 1950 vinha fazendo uma campanha positiva: os uruguaios não eram de nos meter medo antes do jogo. Mas veio o jogo, o Uruguai venceu. Assim foi, assim será.

"Se eu viver dez anos a mais, vão ser dez anos de explicações."

POR QUÊ?

"Por que perdemos?", escreveu Nelson Rodrigues. "Ainda hoje, fazemos a pergunta, sem achar a resposta. Pode-se lembrar que entramos sem esse mínimo de medo que qualquer luta exige. Tivemos medo da Espanha e massacramos. Do Uruguai, não. Nenhum medo."

Nelson Rodrigues tinha razão. Faltou ao Brasil o que sobrou ao Uruguai: a dose certa de $C_9H_{13}O_3N$ - a fórmula da adrenalina pura.

Todo campeão precisa ter medo.

EXPEDIÇÃO em busca do um encontro

O ex-ponta-direita Alcides Edgardo Ghiggia avança. Faz um óbvio esforço para se movimentar, mas não desiste: vai em frente.

Depois de um minuto, consegue vencer a distância que separa o quarto e a sala. Diante de uma cadeira, pode finalmente se livrar do andador que o auxiliava na caminhada.

Ghiggia estava no quarto fazendo, com uma enfermeira, exercícios de fisioterapia. Veio para a sala para gravar a entrevista para a Globonews - nesta quarta-feira nublada de fevereiro de 2013 em Las Piedras, perto de Montevidéu.

carrasco: com Ghiggia

Dos vinte e dois jogadores que entraram em campo no Maracanã no domingo, 16 de julho de 1950, o "carrasco" Ghiggia é o único ainda vivo, às vésperas da Copa de 2014.

Escapou por pouco de engrossar as estatísticas das vítimas de acidentes automobilísticos no Uruguai.

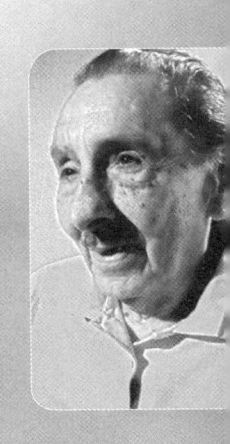

O caminhão veio da direita. Pegou o carro de Ghiggia num trevo na altura do quilômetro 12 da rota 5, perto de Las Piedras. Aos 85 anos, Ghiggia dirigia o carro (o herói uruguaio nasceu três dias antes do Natal de 1926, em Montevidéu). Pode dizer, sem exagero, que nasceu de novo no dia 13 de junho de 2012, ao sair vivo dos destroços do carro. Passou as primeiras semanas depois do acidente em estado de coma induzido. Respirava com ajuda de aparelhos. Quebrou a perna, o braço, a cabeça. O joelho foi despedaçado. Os pulmões sofreram uma infiltração. Os jornais preparavam os obituários, mas Ghiggia sobreviveu, para contar a história.

A perna atingida foi a direita – a que Ghiggia um dia usou para estufar a rede brasileira.

O campeão de 50 não resiste. Enquanto caminha amparado por um andador, comete uma pequena ironia sobre o desastre brasileiro: "Vou estar bem para o Maracanã, em 2014...". Logo depois, no entanto, não esconde uma ponta de desolação: "vinte e tantos anos jogando....Nunca me machuquei. E agora...."

Deixa a frase incompleta. Liberado pelos médicos, o personagem principal do "Maracanazo" voltou para a casa de dois quartos - alugada -, onde vive com a mulher, Beatriz, quatro décadas mais jovem, numa rua chamada Pilar Cabrera, em Las Piedras. Beatriz é uma ex-aluna da autoescola em que Ghiggia trabalhava. Quando frequentava as aulas de direção, não sabia que estava diante de um campeão mundial. O instrutor e a aluna terminaram se apaixonando. Ghiggia tinha, então, 69 anos de idade. Estava viúvo. Dizia que, se fosse se casar de novo, teria de ser com uma mulher mais jovem – que tivesse disposição para zelar por ele. É o que Beatriz passou a fazer, com toda dedicação. Ghiggia, aparentemente, não dá um passo sem consultar Beatriz: pede a ela água, comenta um telefonema que recebeu, troca olhares cúmplices durante a entrevista, como se procurasse aprovação para o que estava dizendo. Sob todo e qualquer critério, Ghiggia vive modestamente. Recebe ajuda de uma empresa jornalística uruguaia para pagar o aluguel. A casa fica numa espécie de vila, separada da rua por um corredor estreito. Ghiggia começou a construir uma casa nova – igualmente modesta - mas, parou, por falta de dinheiro. Fazia planos, aos 86 anos, em 2013 : queria recomeçar logo a construção, para, finalmente, poder se instalar no novo endereço - em companhia de Beatriz, é claro. Não deixa de ser comovente ver um homem de 86 anos fazer, com a mulher, planos para um futuro não tão próximo.

Em questão de minutos, o cinegrafista Flávio Alexim e o assistente Rodrigo Nogueira transformam a sala acanhada num miniestúdio de gravação. Nossa entrevista com Ghiggia seria parte do documentário "Dossiê 50: Comício a Favor dos Náufragos", produzido pela Globonews.

O que é que os dirigentes uruguaios disseram aos jogadores antes do jogo?

Ghiggia: "Houve três dirigentes que, um dia antes do jogo, no sábado à tarde, falaram com os jogadores mais antigos, mais experientes - Obdúlio Varela, Máspoli e Gambetta. Disseram que já tínhamos cumprido o prometido. Tínhamos nos comportado bem no campo. Não criamos nenhum problema. Se o Brasil fizesse quatro gols contra nós, deveríamos nos conformar. Um dia depois, no domingo, estes dirigentes uruguaios regressaram ao Uruguai. Nem ficaram para ver o jogo".

O senhor sonhou alguma vez com o Maracanã, depois de 1950?

Ghiggia: "Já sonhei várias vezes. Porque a gente sonha com algo que parece ser incrível. Meus sonhos, então, sempre tiveram o Maracanã como personagem".

Qual foi o impacto que o silêncio da torcida teve sobre o senhor, ainda durante a partida?

Ghiggia: "O silêncio causou um impacto muito grande, porque eu achava que a torcida brasileira iria encorajar a seleção, para que o Brasil pudesse empatar.

Mas o que a torcida fez foi um silêncio enorme. Isso me causou um impacto muito grande.

Somente três pessoas silenciaram o Maracanã: o Papa, Frank Sinatra e eu. Isso foi o que aconteceu".

Quantas vezes o senhor já ouviu a narração do gol que o senhor fez no Maracanã, em 1950 ?

Ghiggia: "Poucas vezes, porque minha mulher não deixa. Quando escuto a gravação, fico emocionado... Por essa razão, ela não deixa".

Qual é a lembrança mais forte que o senhor guardou da tristeza dos brasileiros ?

Ghiggia: "A maior tristeza que tive foi ver que, enquanto os jogadores do Brasil saíram de campo chorando, os torcedores, na arquibancada, estavam chorando também. Aquilo teve um impacto muito forte".

Em conversas com os outros jogadores, antes do jogo, o senhor arriscou algum palpite sobre o placar ?

Ghiggia: "Nós sabíamos que o Brasil estava jogando muito bem e goleando todas as seleções. Conhecíamos o Brasil e sabíamos que teríamos que jogar contra ele. Conhecíamos os pontos fortes e os pontos fracos. Isso nos ajudou".

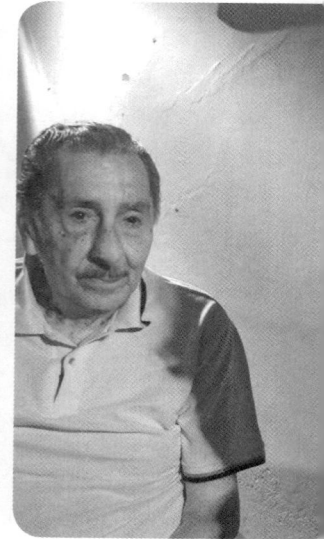

Um cronista disse que o Brasil perdeu porque não teve medo do Uruguai. O senhor concorda ?

Ghiggia: "Quando vamos jogar uma partida de futebol, não temos que ter medo de nenhuma seleção! (*aqui, Ghiggia desmente a tese de Nelson Rodrigues - a de que, sem medo, não se ganha nada*). Nós, por exemplo, não tínhamos medo do Brasil. Por isso, deu tudo certo. Conseguimos ganhar. Talvez este seja o fator principal quando se vai disputar uma partida com uma seleção: não se pode ter medo! Senão, não se pode competir".

Se o senhor tivesse a chance de se dirigir aos jogadores brasileiros de 1950, o que é que o senhor diria a eles ?

Ghiggia: "Eu diria a eles que tivessem confiança em si mesmos e não dessem importância à torcida. Porque o entusiasmo dos torcedores antes do jogo pode fazer mal. Eu lhes diria que não tivessem confiança em excesso.

É preciso ter confiança na própria equipe, sim - mas sem depreciar o adversário".

Que contato o senhor teve com jogadores brasileiros depois da derrota de 50 ?

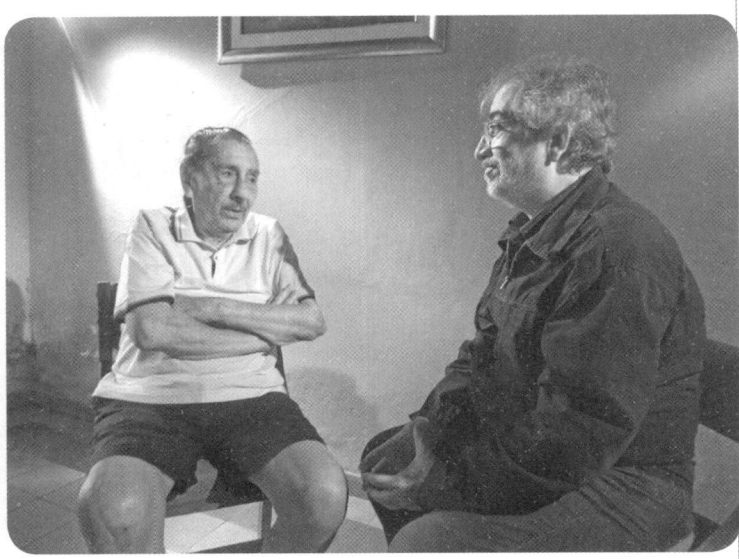

Ghiggia: "O que aconteceu foi que muitos não acreditavam que tínhamos uma amizade de irmãos. Visitávamos uns aos outros com frequência. Estive com Zizinho, com Jair, com Ademir. Éramos muito amigos. Quando íamos ao Brasil, eles nos recebiam. Quando eles vinham ao Uruguai, nós os recebíamos. Entre nós, existia uma amizade em que muita gente não acreditava...".

O senhor ficou amigo do goleiro Barbosa?

Ghiggia: "Fiquei. Estive com Barbosa depois de alguns anos. Neste encontro, ele me contou que, para ele, a vida tinha ficado muito difícil, impossível. Eu disse a ele que, no futebol, a culpa termina indo para alguém. A posição de goleiro é ingrata. Um goleiro pode ter boa atuação durante noventa minutos. Se um jogador fizer um gol bobo, o goleiro será sempre culpado. Por que não culparam Bigode – que era quem poderia me parar? (**ao contrário do que Ghiggia diz, o peso da derrota foi jogado sobre os ombros tanto de Barbosa quanto de Bigode, apontados como "culpados"**). Quando perdemos, a culpa é de todos, não de um. Quando ganhamos, todos ganham".

Como é que o dia 16 de julho de 1950 terminou para Ghiggia ?

Ghiggia: "Quando chegamos ao hotel, jantamos. Depois, procuramos o tesoureiro, para pedirmos dinheiro. Mas não o encontramos! Fizemos, então, uma vaquinha entre os jogadores. Conseguimos juntar um dinheiro para comprarmos sanduíches e cervejas. Fomos para um quarto do hotel, para festejar. O dia terminou bem".

O senhor ficou sozinho no quarto ?

Ghiggia: "Depois que comemos alguma coisa e bebemos cerveja, cada um foi para o quarto, já às duas horas da manhã, para dormir. Estávamos hospedados no Hotel Paysandu. Quando encerramos nossa comemoração, fui para o meu quarto. Levantei cedo na segunda-feira. O Brasil estava um pouco deserto e silencioso".

Que prêmio o senhor recebeu por ter sido campeão do Mundo ?

Ghiggia: "O prêmio que recebemos da seleção uruguaia de futebol era muito pouco. Recebemos o que equivaleria, hoje, a mil e quinhentos dólares. Ora, para um campeão do mundo, um prêmio de mil e quinhentos dólares não é nada. Não é um reconhecimento merecido".

Os jogadores Uruguai cumpriram algum ritual antes de entrar em campo para enfrentar o Brasil ?

Ghiggia: "Toda vez, antes de entrarmos em campo, cantávamos uma música nossa, que dizia: "Vão descascando as vagens / vão descascando as vagens / mesmo que dê trabalho / onde joga a Celeste / onde joga a Celeste / todo mundo baixa a cabeça". Era esta a nossa música. Cantamos naquele dia. Sempre cantávamos".

O que é que o senhor disse aos seus companheiros no intervalo da final contra o Brasil ?

Ghiggia: "Quando terminou o primeiro tempo, fui falar com nosso técnico, Juan López. Pedi que ele dissesse a Julio Pérez que não fizesse lançamentos longos para mim. Eu conseguiria me livrar de Bigode, mas, do outro lado, apareceria Juvenal para me tirar a bola. Em vez de receber lançamentos longos, eu precisaria receber a bola no pé, para fazermos uma tabela. Com velocidade, eu conseguiria alcançar. É o que fizemos no segundo tempo. Deu tudo certo".

O senhor, então, imaginou a jogada do segundo gol do Uruguai?

Ghiggia: "Exato! A jogada foi parecida com a do primeiro gol. Passei por trás da defesa. Barbosa achou que eu iria tentar a mesma coisa. Ou seja: que eu iria tocar a bola para trás, para outro jogador uruguaio. Resolveu, então, ir para o lado. Assim, deixou o gol desprotegido: deixou uma brecha para mim. Eu só tinha um segundo para decidir! Quando vi a brecha, decidi chutar a gol. Chutei a bola justamente entre a trave e Barbosa. Quando ele tentou pegar, a bola já havia entrado".

Há uma dúvida histórica sobre este lance - se o senhor queria chutar realmente a gol ou se queria passar a bola para outro jogador, no segundo gol do Uruguai. O que foi que aconteceu, afinal?

Ghiggia: "Temos poucos segundos para decidir se vamos passar a bola para outro jogador ou ter a visão do gol e chutar. Como eu tinha visto que Barbosa se afastara um pouco, ganhei velocidade e chutei. Como disse, ele deixou uma brecha. A bola passou nessa brecha - entre a trave e o Barbosa".

A intenção, então, era chutar a gol?

Ghiggia: "Exatamente. Eu já tinha pensado em chutar. Temos milésimos de segundos para tomar este decisão: passar a bola ou chutar. Decidi chutar!".

É verdade que o jogadores uruguaios evitavam viajar de avião, com medo de que acontecesse um desastre?

Ghiggia: "Fomos de São Paulo para o Rio de Janeiro. Alguns dos nossos jogadores não quiseram viajar de avião. Foram de trem. Fui de avião, porque eu não tinha medo. Chegamos antes do que os que foram de trem. Os jogadores estavam com medo de viajar de avião depois do acidente aéreo que acontecera com os jogadores do Torino ***(a queda do avião que transportava a delegação do Torino, na viagem de volta à Itália, depois de um amistoso contra o Benfica, em Lisboa, matou todos a bordo, no dia quatro de maio de 1949)***.

Qual é a lembrança que o senhor tem da primeira visão que teve das ruas do Rio, no dia seguinte à derrota?

Ghiggia: "Iríamos viajar de volta a Montevidéu na terça-feira. Como estávamos no Rio na segunda-feira, resolvemos sair para comprar presentes. Saímos em gruposde quatro ou cinco jogadores. Fomos para o centro. Quando entramos em uma loja, tivemos uma grande surpresa, porque nos reconheceram e nos cumprimentaram. Isso foi muito bonito".

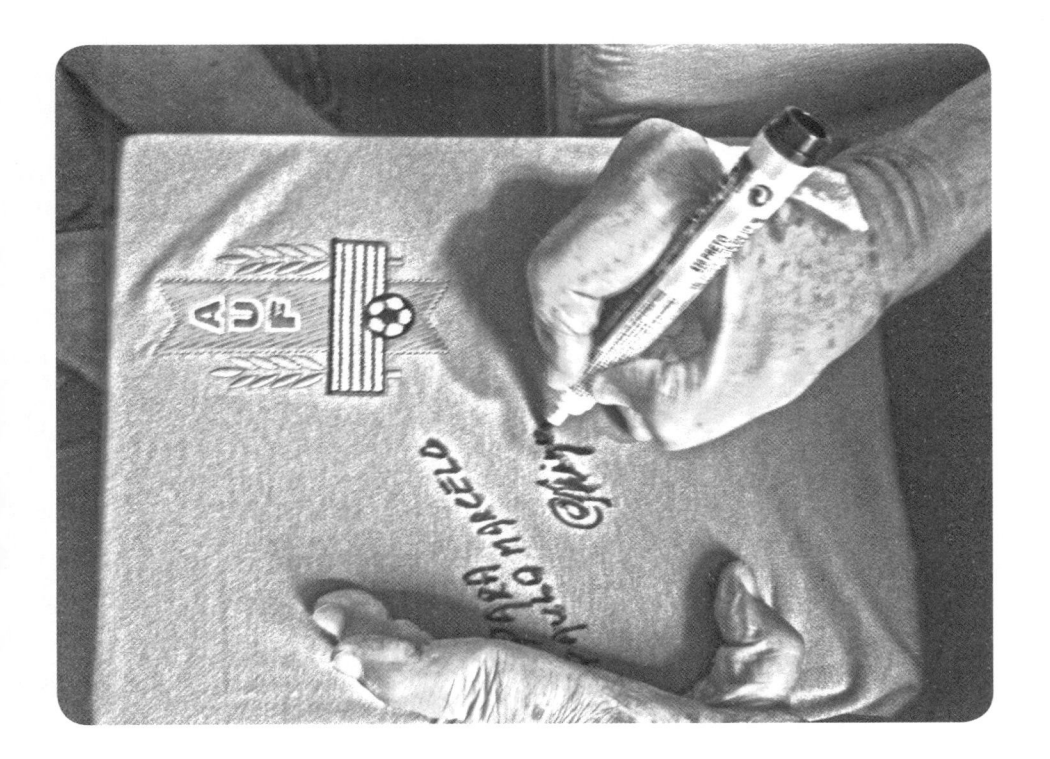

Houve ou não algum culpado pela derrota do Brasil ?

Ghiggia: "Culpado? Não sei quem pode ser culpado pela derrota do Brasil. O que sei é que um só jogador não pode levar a culpa. A responsabilidade é dos onze que estavam em campo".

Ainda há algum segredo sobre o 16 de julho de 50 ?

Ghiggia: "Não havia segredo. Como sabíamos como a seleção brasileira jogava, tivemos de criar uma estratégia para cuidar dos jogadores mais perigosos do Brasil. O que sabíamos é que o ataque era muito perigoso, mas a defesa tinha pontos fracos".

O que é que aconteceu com os jogadores do Uruguai logo depois do jogo ?

Ghiggia: "Nós saímos já tarde do estádio para o hotel. Jantamos e comemoramos mas não quisemos sair, na verdade, porque não sabíamos qual seria a reação da torcida brasileira. Para evitar problemas, ficamos no hotel. Quando afinal saímos, fomos bem recebidos. Éramos reconhecidos por causa do uniforme. Todos nos cumprimentavam.

Isso foi uma linda surpresa para nós".

Quando foram para o estádio, ninguém reconheceu o ônibus do Uruguai ?

Ghiggia: "Não. Não sabiam quem éramos nem nada. Hoje, se eu for ao Brasil, vão me reconhecer. Já estive no Brasil várias vezes. Sempre encontro quem me cumprimenta e me parabeniza. Sempre que vou ao Brasil, vou com tranquilidade e alegria, porque os brasileiros são muito carinhosos".

O título de vice-campeão abriu o caminho para o Brasil se tornar uma potência futebolística ?

Ghiggia: "O Brasil aprendeu em 1950 uma lição de verdade. Depois de 50, o Brasil começou a jogar com mais seriedade e foi campeão do mundo. Os jogadores brasileiros ficaram mal vistos. Mas temos que levar em conta que aquilo foi uma partida de futebol – em que se ganha, se perde ou se empata. Os jogadores brasileiros tiveram o azar de jogar contra nós e perder. Mas digo que não se pode culpar um jogador. É aquilo: quando o time ganha, todos ganham. Quando perde, todos perdem. O Brasil aprendeu uma lição conosco. Os brasileiros tinham confiança demais. Não podemos jogar futebol com excesso de confiança. Se todas as seleções são fortes, nunca se sabe o que vai acontecer".

Que contato o senhor teve com Pelé ?

Ghiggia: "Quando estava indo para a Copa da África do Sul, eu me encontrei com Pelé, no avião. Eu estava passando pelo corredor quando Pelé me viu e me chamou. Ficamos conversando.

Pelé me disse que ouviu o jogo da Copa de 1950 junto com o pai - que chorou muito. Pelé, então, disse ao pai: ' Não se preocupe. Quando eu crescer, vou jogar na seleção. O Brasil vai ser campeão do mundo ' ".

É verdade que, quando se encontrava com jogadores brasileiros, você evitava falar de futebol ?

Ghiggia: "Nós falávamos de tudo - menos de futebol. Por quê ? É uma questão de respeito".

LEIA TAMBÉM OUTROS TÍTULOS DA MAQUINÁRIA EDITORA

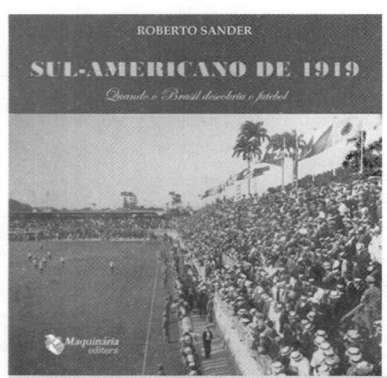

Sul-Americano de 1919 – Quando o Brasil descobriu o futebol
Autor: Roberto Sander

SARRIÁ 82 - O que faltou ao futebol-arte?
Autores: Gustavo Roman e Renato Zanata

TROCANDO OS PÉS PELAS MÃOS - O futebol e a vida nas crônicas de Tostão
Autor: Gíson Yoshioka

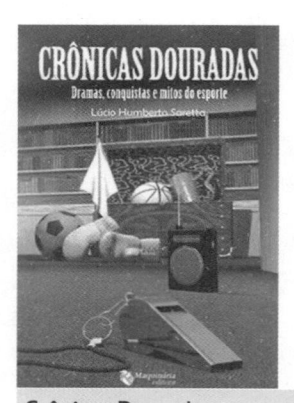

Crônicas Douradas
Autor: Lúcio Humberto Saretta

www.maquinariaeditora.com.br

Impressão:
IMOS
Gráfica e Editora